两岸医药健康行业

融合发展

市场篇

主　　编：王毅清

副主编：刘志平　齐　丽　王李珏

　　　　　陈志鸿　顾高生

执行主编：代　航　霍佩琼　李从选

 厦门大学出版社

国家一级出版社

全国百佳图书出版单位

XIAMEN UNIVERSITY PRESS

图书在版编目（CIP）数据

两岸医药健康行业融合发展. 市场篇 / 王毅清主编.
厦门：厦门大学出版社，2024. 10. -- ISBN 978-7
-5615-9542-8

Ⅰ. F426.7

中国国家版本馆 CIP 数据核字第 202482TT89 号

责任编辑　旺　蔚
美术编辑　蒋卓群
技术编辑　许克华

出版发行　厦门大学出版社
社　　址　厦门市软件园二期望海路 39 号
邮政编码　361008
总　　机　0592-2181111　0592-2181406(传真)
营销中心　0592-2184458　0592-2181365
网　　址　http://www.xmupress.com
邮　　箱　xmup@xmupress.com
印　　刷　厦门市竞成印刷有限公司

开本　720 mm×1 020 mm　1/16
印张　8.75
字数　88 千字
版次　2024 年 10 月第 1 版
印次　2024 年 10 月第 1 次印刷
定价　99.00 元

厦门大学出版社
微信二维码

厦门大学出版社
微博二维码

序一
共创辉煌未来
/ 刘忠良

20 世纪 90 年代初以来，海峡两岸多个层面的医药交流就没有停止过。在中医药全面复兴和健康产业兴盛之际，同宗同文的两岸医药人，理当有更紧密的联动交融，谱写两岸医药健康行业融合发展的新篇章。

我非常乐意见到《两岸医药健康行业融合发展：市场篇》一书的出版，这既是对过往一个小小的总结，又是对未来信心满满的展望，更是对中国大一统医药健康市场的翘首期盼。这本书从行业协会推动并促进两岸医药健康产业和市场融合发展的视角，选了一些得到政策支持的相关产业和企业案例，虽不足以反映全貌，却也有一定的代表性，能够让读者看到两岸医药健康行业融合发展的基本脉络，给人憧憬。

两岸关系牵动中华儿女的心弦。无论如何，两岸医药人都要携起手来，开拓两岸和海内外市场，为民众健康福祉齐头并进，共同创造属于中华民族医药健康产业的辉煌未来！

（作者系中国医药物资协会执行会长兼秘书长）

序二
中医药引领民众健康生活

/ 林朝辉

　　我从台湾花莲到福建厦门，正值青壮年。而今三十年过去了，回望来时的路，再看祖国大陆欣欣向荣、中医药全面复兴的盛况，作为一个台湾人、一名从事中医药事业的老兵，欣慰之余，颇为感慨。

　　不必说在社会各界的支持帮助下，李时珍医药企业做得如何，更不必说我本人这么多年有多少收获和感悟。我只想说，祖国就是一个大家庭，她能给每一位勤奋向上的孩子提供阳光雨露，给予创业创新的平等权利，让每一位不想输的孩子，都有赢的机会。

　　《两岸医药健康行业融合发展：市场篇》一书所写到的企业，在两岸医药健康行业的交流交融过程中都很有特色，有一定的代表性；所涉及的产业和市场，都是当今世界的热门和爆发点。我愿意和大家一起，共同扛起两岸医药企业家的责任与使命，在新的历史时期，促进两岸医药健康行业的融合发展，用中医药高质量发展的累累硕果，引领民众健康生活，造福海内外。

谨为序。

（作者系李时珍医药集团董事长）

目录

案例

后记

政策

两岸中医药高质量融合发展前瞻

/ 杨金生

杨金生，中华中医药学会两岸交流合作委员会主任、世界针灸学会联合会秘书长，研究员，博士研究生导师。

2023 年，《中共中央、国务院关于支持福建探索海峡两岸融合发展新路　建设两岸融合发展示范区的意见》提出，福建要先行先试，践行"两岸一家亲"理念，始终尊重、关爱、造福台湾同胞，充分发挥福建对台湾的独特优势，突出以通促融、以惠促融、以情促融，善用各方资源，完善增进台湾同胞福祉的制度和政策，推动两岸融合发展向更宽领域、更深层次拓展。

据海关总署统计数据，2022年1月至12月，两岸贸易额为3196.78亿美元。其中，大陆从台湾进口总额2380.92亿美元，同比减少4.6%；大陆向台湾出口总额815.87亿美元，同比增长4.2%。众所周知，台湾中药材需求量较大，对大陆依存度较高（约90%来自大陆），从2009年起大陆对台湾中药材进出口总额超过1亿美元且逐年递增，增长速度快；作为道地药材主产地，川、浙、闽、桂等地与台湾的交流合作源远流长，人参、当归、枸杞和黄芪等是台湾民众使用较多的中药材。

2022年教育部举办的新闻发布会提到，10年来，内地（大陆）高校累计招收港澳台学生7.9万名。2021学年内地（大陆）高校共有港澳台在校生3.82万名，较2012年增长了51%。其中，越来越多的台湾学生选择到大陆就读，在大陆求学的台湾学生中超过1/3选择学习中医药学。

中医药是传承不息的中华文化瑰宝，也是海峡两岸人民的共同财富和情感纽带。截至2022年底，台湾有中医诊所4000多家，约130家医院设立中医科，执业中医师7671人，药局8605家，4所专业院校每年能培养300多位中医师，可见中医药在台湾有良好的群众基础。下一步，两岸中医药界应深度合作。

一是拓宽中医药交流机制，不断丰富两岸交流合作内容。共同开展海峡两岸中医药学术交流活动，实现交流形式不断多样化、交流主体不断多元化、交流层次不断丰富化、交流渠道不断稳定化、交流领域不断专业化，为推进中医医疗、科研、教育及管理等全方面深入合作奠定基础。

二是强化中医药互学互鉴，不断提高两岸创新能力。共同支持两岸中医医疗机构、科研院所、高等院校、中药企业间的交流与合作，充分利用先进的现代科学技术和方法，在中医药基础理论、临床和中药研发等重点领域，开展深入研究，为中医药进入全球主流医药市场发挥支撑引领作用。

三是深化中药产业合作，不断发挥两岸经济发展优势。两岸中药产业方面存在很强的互补性和合作潜力，也一直是两岸中医药领域合作的重要内容。要坚持系统观念，整合两岸优质资源，支持中药产品海外注册，共同积极拓展海外国际市场，扩大中药产品的国际贸易规模，实现强强联合，促进两岸中药产业的共同繁荣和发展。

郑启明专家点评：

杨金生主任以《中共中央、国务院关于支持福建探索海峡两岸融合发展新路建设两岸融合发展示范区的意见》的政策为指引，通过两岸贸易特别是中药

材贸易的翔实数据，以及两岸中医药的现状和中医药教育的交流情况，提出两岸中医药高质量融合发展的前瞻性建议，具体而且实际。同时，进一步践行"两岸一家亲"理念，两岸中医药高质量融合发展前景广阔。两岸中医药合作，有助于优化资源配置，提高中医药服务水平，推动中医药事业的发展和创新，促进两岸中医药融合发展迈上新台阶。

（郑启明，世界中医药学会联合会副主席、中国－菲律宾中医药中心菲方主任）

古博仁专家点评：

21世纪，科技日新月异，经济发达。人虽越见长寿，却也衍生出高龄化社会。患慢性病及处于亚健康状态的人口快速增长，造成国家、社会及家庭负担沉重，海峡两岸有识之士一致认为医疗产业应扩大提升为健康产业。台湾曾有一句广告词——"天然的最好"，这一理念不仅数千年来深入于中华民族民众内心，如今西方世界也深深体会到顺应自然的好处。所以，养生保健逐渐成为显学，而中医药学是中华民族数千年来智慧及经验的积累，足以在当今养生保健产业中扮演重要角色。发展健康产业的目的在于妥善照护民众，因此一种中西融合、跨医事专业的医疗保健照护模式亟须建立。本人有幸于2023年11月20日带领台湾数十名医事专业人员参加在成都举办的2023年健康产业研讨会，相信在两岸的密切合作下，未来必能建立起一种专属于中华民族的中西融合医疗保健照护文化，并将之推广至全世界。

（古博仁，台湾药师公会原理事长）

两岸中医药高质量融合发展的实践与思考

/ 张博

张博，国家中医药管理局监测统计中心战略规划处处长。

中医药是我国灿烂文化的重要组成部分，是中华民族四大国粹之一。它起源于原始社会，在春秋战国时期形成基本理论，至今已有 5000 多年的历史。海峡两岸地缘相近、血缘相亲、医缘相通，在中医药文化特色上，同根同脉。2019 年印发的《中共中央、国务院关于促进中医药传承创新发展的意见》指出，"加强与台湾地区中医药交流合作，促进两岸中医药融合发展"。2023年，《中共中央、国务院关于支持福建探索海峡两岸融合发展新路　建设两岸融合发展示范区的意见》出台，对进一步提升福建在两岸融合发展中的示范作用寄予厚望。

自1987年两岸政策调整以来，两岸中医药交流合作日趋频繁，出现了大规模的中医药交流活动。海峡两岸中医药学术研讨会、学术论文交流，两岸互聘客座教授，以及台胞赴大陆学习等多种交流形式应时而生，至此，两岸中医药界的交流由民间的、单向的、零散的逐渐向民间兼半官方的、双向的交流转化，两岸各类中医药交流会议频频举办，交流层次不断提高，规模不断扩大。伴随两岸三通正式启动和两岸经济合作框架协议的签署，两岸关系出现了难得的发展机遇。两岸中医药产业站在新的历史起点上，在中药材品质安全保障措施、中医临床研究、中医药科研合作、中医药学术交流等领域进行广泛交流与合作，融合程度越来越高，形成了"大交流、大合作、大融合、大发展"的历史时代。近几年，我们贯彻落实习近平总书记"不管遭遇多少干扰阻碍，两岸同胞交流合作不能停、不能断、不能少"的重要指示精神，深入开展两岸中医药交流合作，打造了"海峡两岸中医药发展与合作研讨会""海峡中医药产业发展论坛"等交流平台，成立了中华中医药学会两岸交流合作委员会，支持台湾青年学者、台湾中医师等来大陆交流求学、发展事业。通过人员互访、学术交流、科研合作、人才培养、产业促进等项目，一家人的心更近了、情更浓了，两岸中医药融合发展向更深层次拓展。

两岸同胞同文同种，两岸中医药融合发展要做实做细，实现优势互补。

一要积极提升中医药文化交流质量体量能量，深化民间基层交流，共同传承中华优秀传统文化，促进心灵契合。

二要不断发挥两岸经济发展优势，持续深化在中药新药研发、中药产业转型升级、中医药健康服务业发展等方面的合作，促进中药优势产业融合。

三要全力服务中央对台工作大局，发挥对台工作中中医药的特色优势，积极探索海峡两岸融合发展新路径，深化交流内涵，促进两岸中医药界在"健康中国"建设中有所作为，共同分享祖国构建新发展格局带来的新机遇，共同实现中华民族伟大复兴的中国梦。

张国芳专家点评：

我于2000年从台湾到大陆工作，至今已超过20年，看到大陆经济快速发展，中华传统文化广受重视，感受很深刻。

因为受西方医药的影响比较早，也

比较广泛，台湾中医比较少，疾病医疗基本以西医为主，但中药广泛融入了一般的饮食中。因此，药膳食疗比较普遍，将中药延伸融入茶饮以及日常三餐的煲煮也非常多。

期待疫情过后的未来，两岸恢复交流，联系更加紧密。一方面发挥古法中医的疾病治疗与身心康养作用；另一方面进行中药的现代化，将中药向饮食延展，让西方世界认识中医药的专精、有效以及日常化的特色。

（张国芳，北京康顾多管理咨询有限公司总经理、中国医药物资协会研究院资深专家）

墙世发专家点评：

国家中医药管理局一直致力于推动两岸中医药交流合作，通过人员互访、学术交流、科研合作、人才培养、产业促进等一系列项目的开展，引导两岸中医药融合发展持续向更深层次拓展。

张博处长的《两岸中医药高质量融合发展的实践与思考》一文，既从宏观层面对两岸中医药融合发展如何做实做细提出了政策性的建议，又具有很好的实操性。位于海峡西岸的厦门中药厂有限公司秉持"两岸一家亲"的理念，20多年来积极参与其中，是两岸中医药文化交流与合作的积极参与者和实践者。我们相信，随着两岸融合发展示范区建设工作的推进，两岸中医药的合作发展和传承创新必将迎来新的历史机遇！

（墙世发，厦门中药厂有限公司总经理、厦门市药品行业协会会长）

做大做强健康产业　传承振兴中医中药

/ 陈国良

陈国良，陕西广济堂医药集团股份有限公司党委书记、董事长，中国医药物资协会副会长、世界中医药服务贸易联合会执行副主席兼秘书长、世界中医药学会联合会中医药文化专业委员会副会长、全国工商联医药商业分会连锁分会副会长、全国中医馆发展联盟副主席、陕西省中药协会会长。

陕西广济堂医药集团股份有限公司成立于 1999 年 1 月，是一家集中药材种植、中医药产品研发与生产、医药批发、医药连锁经营、医疗服务、中医康养、中

医药产业园为一体的健康产业集团，旗下拥有600多家连锁直营药店、1家医药商业公司、2家中药饮片厂，以及医药健康产业相关的10余家全

资子公司，已连续10余年跻身中国药店百强榜。2023年集团营业收入15.6亿元。

陕西广济堂老字号，始于清光绪三十四年（1908年），距今已有100多年的历史，1999年恢复这一老字号。建堂之初，我们便切中时弊，在企业发展战略上，借鉴北京同仁堂的经营理念，在榆林创新推出"医＋药"的产业发展模式，聘请名医名家免费坐诊，形成了独特的中医药发展特色。

在20多年的经营过程中，陕西广济堂以中医药为核心，发展大健康产业。2014年，基于未来行业发展预测，以大健康理念为引领，以满足顾客高品质健康需求为核心，在全国首创医药健康城模式，药店、诊所、DTP（direct to patient）药房及健康相关的多产业、多项目融合发展，取得了令人满意的成效。随后，公司旗下多个医药健康城、养生苑、国医馆、名医馆、老年病医院、医养中心相继投入运营。公司以中医药文化为特色，以休闲养生为模

式，以健康管理为配套，充分发挥中医药治"未病"的优势，开展养生食疗、针灸理疗等特色项目，推出"医、食、疗、养"一体化服务新模式，不仅可为患者提供专业的中医治疗服务，也可为亚健康人群提供个性化的养生调理方案。广济堂大健康产业模式成为行业竞相学习的标杆。

陕西广济堂始终高度重视中药品牌塑造。2009年，在全国率先推出"全手拣无硫中药饮片"。公司采购道地药材，规范炮制加工，手工精挑细选，采用高端设备检测，确保药材含量合格，品质过硬，无掺假、无残留、无硫，逐步形成了立足陕西、辐射全国的销售网络。广济堂优质中药成为医药行业里有口皆碑的品牌。同时，公司旗下两家药厂将"秦药"系列优质产品作为公司重点品种推向全国，助力秦医秦药产业振兴，助推中医中药事业复兴。此外，公司还积极打造"至尊国药"名片，不仅满足了高端客户的需

求，也树立了国内良好的中药品质形象。

陕西广济堂始终把医药大健康产业当作民生事业，体现绿色发展，突出健康主题，进行三产融合。广济堂全面实行以"中药农业种植标准化建设、中医药现代化工业生产与科研、医药零售与医药商业服务"为核心的全产业链发展模式。2023年，公司开始投资建设广济堂中医药产业园，总面积610亩，总投资10亿元，将建成集中药种植科研基地、中药饮片生产厂、中成药厂、中药提取厂、中药颗粒剂厂、保健食品厂、仓储物流中心、检验检测中心、中药数字化交易中心、院士专家工作站、园区配套项目等为一体的健康产业链。广济堂正努力走出一条规模化、集约化、内生式的中医药创新发展道路。

今天的广济堂人，不忘初心，砥砺奋进，一直走在传承、弘扬祖国中医药文化的道路上，历经艰难，矢志不渝。面向未来，陕西广济堂医药集团将努力把传统中医药这份宝贵财富继承好、发展好、利用好，为百姓健康保驾护航，为健康中国添砖加瓦，让中医药这一中华文明的瑰宝更好地造福人民、服务社会。

石崇荣专家点评：

塞上广济堂是塞上江南榆林的一张名片，也是陕西中医药界的一面旗帜！由"医＋药"，再到整个大健康产业链的持续打造，我认为国良会长和广济堂人，以其深厚的中医药文化积淀和务实创新，弘扬了中医中药，促进了大健康事业融入本地民众健康生活，真正做到了为人民服务，为人民健康负责。作为国良的同道，也作为践行高品质中医药更好服务大众健康的倡导者，我为广济堂企业的成功和国良会长的坚持，倍感荣耀与欣慰。

（石崇荣，澳门中医药学会会长）

做燕窝全产业链阳光化政策的推动者

/ 骆义宁

骆义宁，燕安居（厦门）集团有限公司董事长，东南燕都（厦门）实业发展有限公司董事长，中国医药物资协会燕窝分会会长。

燕安居＆东南燕都是中国正规毛燕进口和加工的推动者、全球燕窝全产业链的缔造者、中国现炖燕窝的倡导者。经过20载耕耘，燕安居拥有超700家门店的现炖燕窝加盟店，为燕窝供应链龙头企业和现炖燕窝的领导品牌。

SOUTHEAST
EDIBLE BIRD NEST
CAPITAL
东南燕都

1992年，我从厦门大学财金系毕业后，就一直在政务机关工作。一次出公差的过程中，偶然接触到燕窝这个行业。出于对燕窝历史故事、饮食文化的极大兴趣，同时也希望提升自己的社会价值，思量再三之后，我决定从事这样一份事业。

进入这个行业后，发现这个行业存在许多问题和风险，2011年假血燕事件的曝光，更加坚定了我的判断：只有管控好源头，监管好原料运输、入关、检验检疫等每一个关键环节，才能真正让行业得到社会和消费者的信任。

从企业发展的模式选择来看，构筑燕窝全产业链，促进行业阳光化、正规化发展，坚守诚信、务实担当，为消费者提供一份安全的好燕窝，既是我的初心，一种理念与坚持，也是企业构建燕窝全产业链平台模式的必然选择。

燕窝全产业链涵盖了"原料进口—生产加工—终端销售"的各个环节。从源头上，积极打通燕窝生产国的燕窝出口中国通道。在政府和相关部门、机构及社会各界的支持下，签署了毛燕输华协议。目前，在海关总署与各级政府的支持下，建立起毛燕进口专属通道——进口毛燕查验暂存及指定加工一体化平台，燕安居因此成为国内首批进口毛燕指定加工企业之一。这个平台是毛燕进口基础配套平台，也是行业燕窝原料的配套平台，为整个行业提供合法进口、正规检验检疫的货源。统计数据显示，2023年，通过该平台进口的正规毛燕达29031千克。

2018 年总投资 7.3 亿元的东南燕都产业园建成。它是集"全球溯源燕窝集散中心、全球溯源燕窝原料加工中心、溯源即食燕窝共享工厂和燕窝主题工业旅游基地"于一体的综合性燕窝主题产业园，打造燕窝产业新生态，促进整个燕窝行业阳光化、规范化发展，以期最终实现消费者、产业、燕企各方共赢共荣。这些年，东南燕都和燕安居品牌联合生态圈其他伙伴，率先在厦门实现了毛燕进口零的突破并主导制定相关标准，推动燕窝从农产品管理升级为食品管理，帮助行业关注供应链管理，进行产业布局规划等。今后，我们还将一如既往推动产业政策施行，为企业发展保驾护航，为满足民众高质量健康需求不遗余力。

　　燕窝行业是一个生态系统，既有历史沿革，又有规范发展的要求。在越来越强调滋养调理的大健康时代，作为燕窝全产业链平台模式的开创者，我们深感责任重大。同时，在政策和社会各界支持下，我们将和供应链各环节的从业者一起，共同参与燕窝标准的起草和制定，深耕燕窝全产业链，打造为消费者健康负责的燕窝消费生态圈，共创共赢，促进产业升级。

徐敦明专家点评：

　　中国是全世界燕窝的进口和消费大国。我们有责任和义务推动燕窝产业链、供应链的优化升级，共同制定有利于行业发展的各项政策标准，为高品质的人民健康生活尽一份责任。

　　厦门是国内燕窝进口、加工、销售的重要口岸。骆义宁和他的团队专注燕窝行业20年，在推动燕窝产业链、供应链政策阳光化的过程中，做出了有目共睹的贡献。作为燕窝标准和产业的一名研究者，同在厦门工作，我为他们实实在在的努力和付出表示衷心的敬意。

　　（徐敦明，国家燕窝及燕窝制品检测重点实验室负责人）

两岸药师交流及其建议

/ 祁伟鹏　李　光

祁伟鹏，润德教育集团创始人、董事长兼总裁，中国医药物资协会副会长，中国大健康职业教育领军人物。

润德教育（广东长兴润德教育科技有限公司的简称）是一家以医药护行业人才培训为主导，以推动大健康产业发展为目标的全国性大型教育企业，曾被评为"2022年广州未来独角兽创新企

业"，并于 2021 年完成数亿元 B 轮融资。目前全国员工近 2000 人，在广州、北京设立双总部。

李光，捉药师创始人，中国医药物资协会研究院医药专业提升研究所所长，中国药科大学服务研究中心副主任。

捉药师，医药类互联网教育平台，以院校教师为骨干，目前已培训十余万人。

自 2015 年 6 月福建省食品药品监管局发布《台湾药师在福建自由贸易试验区执业的管理暂行规定（试行）》以来，两岸药师之间的交流日益广泛和深入。开始是零星台湾药师来大陆自贸区参加药师法规考试，获取福建自贸区执业资格，后来在中国医药物资协会海峡两岸医药交流中心的带动下，广东润德教育机构来到宝岛台湾与药局药师会面交流，举办论坛。此后，台湾药师成批来福建考自贸区的执业资格证书。中国医药物资协会研究院还曾在他们来厦门考试期间安排专访游学（见后面《两岸医药人才交流回顾与展望》一文）。在中国医药物资协会倡议下，润德教育和重庆中盟医药联合举办了"药师荣耀——第一届全国药师技能大赛福建海峡两岸赛区决赛"等活动，2019年，两岸药师交流达到一个小高潮。

但是，直到2023年11月23日中国医药物资协会首届两岸（厦门）中医药高质量融合发展论坛上，捉药师机构创始人李光在做"推动台湾药师报考大陆执业药师及扩大执业地点范围的建议"演讲时，大家才了解到，先前考取福建自贸区执业药师资格证书的100多位台湾药师，其中一部分在来厦门办理居住证准备执业时，面临因为自贸区内几乎没有适合执业的医药企业而无法执业的窘境。

鉴于此，我们建议对于已取得"福建自贸试验区台湾药师执业资格证书"的台湾药师，打破先前只能在福建自贸区内执业的规定，将其执业地点范围扩大到整个福建省，前期可以先开放厦门、福州试点，取得一定经验后，再推广到省内其他地区。

主要理由如下：

（1）为响应《中共中央、国务院关于支持福建探索海峡两岸融合发展新路　建设两岸融合发展示范区的意见》文件要求，国家药品监督管理局出台《支持福建探索海峡两岸融合发展新路　推动药品医疗器械化妆品监管创新发展工作方案》，市场监督管理总局也出台"七条措施"支持福建建设两岸融合示范区，这给台湾人民特别是专业技术人才前往福建就业创业、工作生活提供了强有力的政策支持和更多便利。

（2）台湾药师具备较好的专业与服务水准，尤其在家庭健康照护、审方调配等方面有先进经验，可以到厦门等福建地市发挥作用。

（3）厦门是两岸交流的"桥头堡"，福州是省会城市，首批台湾药师在这里生活工作，非常适宜，尤其是厦门。考取福建自贸区执业资格的37位台湾药师，已经于2023年11月在厦门办理港澳台居民居住证，完全做好了在厦门就业创业、生活居住的准备。

此外，从台湾药师考试要求来看，需要取得药学专科及专科以上学校毕业证书，同时考试科目涵盖药理学与药物化学、药物分析与生药学、调剂学与临床药学、药剂学（包括生物药剂学）、药物治疗学、药事行政与法规。为了能够更好地匹配大陆的行业情况（如医疗机构和零售药店都在加强中医药品类与服务），我们还建议增加药事法规和中药知识的考核，这样有利于台湾药师尽快进入工作状态。

如果允许"跨区"执业，已经考取福建自贸区执业药师资格证书的台湾药师，特别是办理了居民居住证的台湾药师，就可以真正来福建就业创业、工作生活了，后续来报考福建自贸区执业药师资格证书的台湾药师也会越来越多。在贯彻落实国家两岸融合发展政策的过程中，应鼓励更多台湾专业技术人才来福建工作生活。对于吸引两岸医药人才共同发展医药大健康产业，造福两岸人民的健康生活而言，这个起势阶段的政策调整，意义非凡。

我们相信台湾药师如果能够在福建自贸区以外的地区执业，必将为两岸医药大健康人才的高度融合增添更有黏度的纽带。

刘芦萍专家点评：

前些年，在与台湾药局老总和药师们的深度接触交流过程中，我对他们药局经营的专业性和药师服务的专业性非常欣赏，内心有引进台湾专业人才的想法，甚至有"挖角"冲动。我与两岸专门从事药师培训的药师温尚谕先生、知名药师培训机构掌门人祁伟鹏先生和李光先生，以及药店学堂创始人钟海应先生等，都有过交集，希望他们能在帮助台湾药师考取大陆执业药师资格证书并到大陆执业创业方面有所作为。现在，国家政策支持两岸医药人才的交流融合，我非常乐意和台湾医药人才合作。我期待福建省首先落地，也相信全国各地都欢迎台湾专业技术人才来和我们融合发展，共赢未来。

（刘芦萍，江西昌盛大药房有限公司董事长）

两岸医药健康品市场流通准入比较及建议

/ 耿 军 黄建华

耿军，瑞盈生物 / 启贞药业董事长、中国医药物资协会常务理事、西北农林科技大学硕士、高校校外导师 / 创投创业导师。

瑞盈生物 / 启贞药业集设计研发、生产管理、营销服务于一体，为 CDMO（contract development manufacture organization）医械生态一站式产业化解决方案提供者。

黄建华，台湾天康连锁药局总经理，中国医药物资协会海峡两岸交流中心副秘书长。

天康连锁药局成立于 1997 年，为天康医药集团所属企业。集团还有诊

所以及自有品牌保健食品制造与海外销售业务公司，为"医、药、养"一条龙经营服务综合体。

台湾药局（如天康）的 ODM（original design manufacturer）模式可以理解为一种"交钥匙"服务，药局会根据客户的需求为客户提供包括保健食品、化妆品以及医疗器械的研发、生产制造、质量控制等在内的全方位服务。客户只需要提出自己的需求和要求，药局就可以根据客户需求和要求提供从药物研发到生产制造的一站式服务。大陆医疗器械市场的不断增长，对 OEM（original equipment manufacturer）/ODM 的需求也不断增加。庞大的制造业基础和完善的供应链体系，为 OEM/ODM 产业的发展提供了良

好的环境。

两岸药品/医疗器械商品策略及上市持有人制度比较见表1、表2。

表1　两岸药品等OEM（ODM）商品策略比较

项目	市场规模和需求	商品质量	商品开发	法规与合规性	品牌创建
台湾	市场相对较小，但消费者对药局产品的质量和安全要求较高	比较注重质量，讲究国际标准，可出口至其他国家	更注重研发和创新，提供客制解决方案	卫生主管机关稽查较严格，提供更高的合规性	市场重视品牌创建和信誉
大陆	市场庞大，但竞争激烈，药店售价以及进价的压力大	注重生产规模，讲究成本效益，质量控制方面待加强	更注重利润和成本，独特性、独创性待加强	主管机关稽查较宽松，在合规性方面存在风险	市场重视价格竞争和分销网络

表2　两岸药品/医疗器械上市持有（注册）人制度的差异

项目	台湾	大陆
药品上市持有人制度	药品注册申请人和药品生产企业可以不是同一人	药品注册、持有申请人和药品生产企业不必是同一人
医疗器械上市持有人制度	医疗器械注册申请人和医疗器械生产企业可以不是同一人	医疗器械注册申请人和医疗器械生产企业不必是同一人
持有人资质要求	无明确规定，可以是制药企业、研发机构等	必须是依法设立的企业，具备相应的生产条件和检验能力等
持有人权利义务	负责药品或医疗器械的研发、生产、销售等全流程管理，承担相应法律责任	负责药品或医疗器械的研发、生产、销售等全流程管理，承担相应法律责任

续表

项目	台湾	大陆
注册申请流程	提交申请材料，进行技术评审和现场核查等，获得批准后方可上市销售	提交申请材料，进行技术评审和现场核查等，获得批准后方可上市销售
监管机构	台湾食品药物管理和卫生福利等机构负责监管	国家药品监督管理局和国家市场监督管理总局等机构负责监管

加快推动两岸在药品、医疗器械、化妆品等方面的融合发展，需要从多个方面进行探讨和合作。

（1）建立合作机制：可以通过定期举办两岸相关产业合作发展论坛、研讨会等活动，促进两岸相关产业的深度融合。

（2）推进注册审批便利化：国家药监局及福建省药监局等部门可以进一步推进药品、化妆品、医疗器械注册审批便利化，简化审批流程，提高审批效率，为两岸相关产业的发展提供更好的政策环境。

（3）加强技术研发和创新：通过加强技术交流、合作研发项目等，促进两岸相关产业的协同发展。

（4）拓展市场空间：通过加强贸易合作、推动市场拓展等，促进两岸相关产业的融合发展。

（5）加强监管合作：通过定期进行监管交流、共享监管资源等，提高监管水平和效率。

杨学勇专家点评：

2023 年 12 月，国家药监局出台《支持福建探索海峡两岸融合发展新路　推动药品医疗器械化妆品监管创新发展工作方案》，支持建设两岸医药产业融合发展示范区。在可预见的未来，要推动两岸医药产业融合发展，首先要加快实现两岸医药相关质量标准与检验检测规范的融合。

持续深入开展两岸药品领域监管科学和相关标准比对研究，积极推动两岸早日实现监管标准互认、实验方法互认、实验结果互认，能够实实在在地为两岸医药产业统一质量标准体系打下良好基础，能够在建设两岸医药产业融合发展上做出业界不可或缺的贡献，能够尽快整合两岸优势互补的医药发展资源，共同开拓全球市场。

（杨学勇，厦门市市场监督管理局原药品安全总监、二级巡视员）

用好政策吸引台胞到厦门安心工作生活

——兼议加大医药健康人才的引入力度

/ 刘柏萱

刘柏萱，聚融壹家台湾青年双创基地主任，厦门市台商协会理事。

聚融壹家台湾青年双创基地是国家级基地，成立于

聚融壹家台湾青年双创基地
Assemble Home Taiwan Youth Innovation and Entrepreneurship Base

2016年，以服务台湾青年就业创业为核心经营内容，累计引进超过200个台湾青年团队。

厦门是一个有梦的城市，仿佛有种神奇的魔力，吸引着海内外的人才纷至沓来，尤其是宝岛台湾的创业者和技术人才。

数据显示，2021—2023 年，厦门连续 3 年荣获"中国年度最佳引才城市"称号。2021 年，厦门市人才资源总量突破 139 万人，每 10 万人中大专及以上学历人数就达到 2.69 万人，在全国大中城市中处于领先位置，接近广州、深圳水平。厦门每万名常住人口中留学人员数量居副省级城市前三，各类人才成为引领创新发展的生力军。

厦门与金门隔海相望，成为许多台胞的首选地，这里也是两岸人员往来的便捷通道。1994 年台胞在厦落地办证，2001 年厦金航线开通，2003 年全国首个台胞办证中心成立，到 2015 年在全国试点签发电子台胞证，中央惠台政策在厦门加快试点实施，并推广到全国。从厦门入境的台胞人次位居全国首位，厦门口岸签发的台胞证数量也位列全国第一。

截至 2023 年 3 月，厦门全市累计批准台资项目 9929 个，合同台资 236.99 亿美元。截至 2023 年，台资累计在厦设立的企业数居所有投资来源地首位，占全市累计设立境外资本企业数的 54.1%。

截至 2022 年 12 月，厦门市现存台资企业数 5306 家。

2022 年共有 64 个台企项目获得技改补助资金 1.04 亿元人民币，23 个台企项目获得技改奖励资金 3679 万元人民币。

截至 2022 年底，在 A 股上市的台资企业累计 59 家，福建省 8 家，其中厦门占 7 家。

厦门能够吸引众多台商前来投资、安居乐业，除了区位优势、人文环境等因素，厦门市政府的"惠才政策"也是其中的重要因素。①

可以预见的是，在 2023 年 9 月《中共中央、国务院关于支持福建探索海峡两岸融合发展新路　建设两岸融合发展示范区的意见》出台后，厦门吸引台湾人才的政策力度还会加大。

医药人才作为专门人才，在医药大健康产业加快发展之际，作用和责任都很大。前几年的新冠疫情导致对病毒快速诊断产品的需求十分旺盛，厦门的出产量占了全国总量的 1/3。厦门生物医药产业就在这短短的几年内，产业集群由小变大、由弱变强，首批入选国家级战略性新兴产业集群。一批海内外医药专业人才为此付出了巨大努力。厦门拥有规划"特许医疗、特许研究、特许经营、特许国际医疗交流"项目以及两岸真实医疗数据研究等项目，这些使厦门成为国际创新药械、医疗技术快速进入中国的主要通道，也是厦门吸引医药相关人才的主要原因。

今后，两岸医药人才执业资格以及技术标准、质量标准、市场准入等可能逐步兼容或有条件互认，两岸医药人才的交流交融一定会进入一个新的阶段。

---

① 具体可参见：https://mp.weixin.qq.com/s/Bbm34Nx1YGz_NzlalK1TBQ。

林善财专家点评：

在福建，厦门吸引人才的政策条件应该是最好的，它不仅有经济特区的优势，还得到中央和省里的多方面支持。

作为两岸人才交流交融的聚集地，福建得天独厚的条件很是契合台胞的内心，所谓"两岸一家亲，闽台亲上亲"，正是这种写照。我有幸随同中国医药物资协会海峡两岸医药交流中心去过台湾举办论坛，游学参访，与同行做过多次深入交流。台湾医药人也喜欢到福建来回访（我也曾经陪同台湾药师陈建州等到过武夷山夜话中医药）。我希望两岸信奉的中医药文化及其康养调理理念，在大家共同努力下能开花结果；更希望台湾医药人到福建来"愿落尽落"，一起创业，打拼生活，传承创新中医药，为两岸民众健康长寿贡献我们的力量。

（林善财，福建瑞来春堂中医馆创始人）

两岸中医药传承创新

/ 黄秋云

黄秋云，福州中医院原院长，福建名中医、全国第四批名老中医，现任福建省中医药学会传承研究分会常务主委。

中医药是中华文化的瑰宝，凝聚着中华民族的创新智慧，是闽台两岸同胞共同的文化财富。台湾同胞的生活习惯和社会风俗与大陆同胞基本相同，保留了许多中医药文化特征。特别是新冠疫情暴发以来，中医药显示的多元价值日益受到国际社会的认可和重视，中医药必将成为世界主流医学，在主导全球卫生治理、构建人类卫生健康共同体方面发挥重要的作用。因此，大力弘扬中医药文化，推动中医药创新发展，是我们两岸中医药学界义不容辞的责任。

一、政策铺局，蓄势待发

对于中医药发展，多年来国家出台了诸多相关政策，地方政府积极响应。海峡两岸中医药发展合作研讨会从 2006 年开始（2020—2022 年因疫情原因停办），一直举办至今。特别是 2023 年 9 月《中共中央、国务院关于支持福建探索海峡两岸融合发展新路　建设两岸融合发展示范区的意见》出台，接着第十五届海峡两岸中医药发展与合作研讨会在厦门举办，福州新区投资 200 亿元人民币建设海峡两岸医疗健康产业园，所有这些都给我们展示了天时地利蓄势待发的局势：深入开展两岸中医药交流合作，两岸共同传承创新，共建共享中医养生健康服务，两岸中医药可联手共同发力。

二、条件成熟，物厚人和

福建省拥有很多具备原创优势的卫生科技资源，是开发两岸原始创新能力的重要"宝库"。如厦门大学正策划成立平潭研究院两岸中医药传承研究中心，与现有大中专院校合作，通过课程设置、课题研修、办名老中医传承学习班等方式，向两岸年轻人传播中医药知识。福建省非物质文化遗产平潭米糊传承基地与台湾合作,将台湾的牛蒡根配伍引入平潭米糊。另外,在平潭建立 1200 平方米的传承基地,以非遗健康旅游为主题,建立两岸卫生健康交流平台。福建省生物工程职业技术学院早在 2018 年就在海峡两岸健康养老高峰论坛上,邀请海峡两岸健康养老领域专家、学者以及企业界同行进行互动交流,聚焦健康养老、中医药养生、智慧养老、生态康养、康养旅游等。2018 年,中国医药物资协会首届海峡两岸药店(局)比较借鉴论坛在台湾成功举办,开展了中医药学术交流,有两项中医药非物质文化项目进行实物品鉴交流。宝家人(福建)健康产业有限公司与上海祎隆健康科技有限公司合作,生产的产品用于调理糖尿病,受到台湾民众的好评。

福建与台湾隔海相望,在以水路交通为主的古代,闽人跨越海洋开发台湾,台湾与福建共同的文化特点形成了闽台区域文化,福建与台湾的"山海经"物质文化一脉相承。平潭率先设立台资合资门诊部、台胞健康服务站、名医工作室。这些拓宽了两岸中医药交流领域,丰富了两岸合作内容。

三、前景广阔,始于足下

中国中医受到全世界瞩目,福建中医药文化底蕴深厚,闽台两岸同文同种,这些是闽台中医药传承创新发展的先天优势。台湾在中医药传承和应用方面做了大量工作,如益力康生技集团的发酵产品、中医养生专家陈辞修的药膳等。我们要进一步联手,在中国医药物资协会牵线下，积极开展海峡两岸中医药名家名师学术对话，对口师带徒，进行中医临床病案讨论，举办各种中医药技术专项培训班，定期开展两岸中医药学术交流研讨会，于寒暑假开办学生中医药爱好班，鼓励两岸中医药学者共同编写中医药进校园科普读物，通过各种方式，把两岸的中医药文化一代代传递下去，促进中医药创新发展。

长期以来，海峡两岸中医界同仁面对各种困难，以各种形式进行学术交流，传承和发展中医学，充分体现了中国传统医药文化的凝聚力和亲和力，也体现了海峡两岸同胞的医缘与药缘。我们要产、学、研相结合，在学术交流的前提下，开展产地考察、项目对接，争取在产业合作、促进两岸经济发展上取得新进展。

陈辞修专家点评：

黄院长这些年撰写了不少有关中医中药生活化的文章，大多出版或发表了，也有的放在她个人的公众号上。她还在大大小小的会议论坛上呼吁中医进入百姓家庭和餐桌。中医药文化博大精深，中医药保健养生及治未病的共识已经形成。未来，两岸齐心协力，共推中药

现代化、生活化、科学化、信息化、标准化发展，一定能把老祖宗传下来的瑰宝发扬光大，使其成为两岸人民健康生活的重要组成部分。

（陈辞修，台北医学大学教授）

两岸药局比较借鉴与最新交流进展

/ 郑明龙

郑明龙，台湾大树医药股份有限公司董事长兼总经理。

大树医药，台湾上柜公司，是宝岛扩张快、规模大、单店产出较高的连锁药局。

一、全球医疗保险政策趋势

"大病到医院，医保买单；小病到药店，自费买单。"台湾这一现象出现的主要原因是当局长期医疗及药品补助对财政产生巨大的负担，限制医疗保险预算的可用性。台湾限制医疗保险补助范围，民众除了使用医保看病与领取药品，当遇到小病时，会到药店自费购买OTC药品做自我药疗。这是很平常的事。同时药店提供关于健康及慢病管理的服务与咨询，民众也愿意自费购买相关的商品，欧、美、日的药店发展亦同。药店不再只是卖药，而是成功结合多元业态发展，在原本卖药的基础上，加上新导入的品类，有机会创造出2～3倍的营收。大陆医保政策自2020年起逐步调整，未来药店的发展将与世界接轨。

二、自费购买选择权的改变

"老客人不会跑，新客人会上门。"当自费时代来临，民众花自己的钱去购买商品，既然要花钱，为何不选更好的？这意味着高品质消费意识抬头。民众开始追求更高质量的商品、更专业的服务。台湾地区药店在转型过程中，面对欧、美、日等多方企业竞相进入市场的竞争，最终发展出新的多元业态模式，即"国际化的商品加上以人为本的顾问式服务销售"（更甚于欧、美、日强调的商品陈列与促销），达成"三段购买"的目的，让消费者"从看到会买，到为了买而来，继而成为来看看有什么可买的"。这种模式可供大陆药店参考：一方面在过去的成功模式上做加法，在同一个场域下，不但老客人不会流失，新客人也愿意上门；另一方面，借鉴同文同种的台湾经验，可以缩短大陆药店的摸索期。台湾药店经历多年调整，自费购买商品的选择权回到消费者身上，药店必须提供多样化的健康相关产品与服务，强化店员的服务意识，提升店员的商品知识水平，才能够实践"得新客户者得天下"。

三、互联网借鉴

在互联网销售药品的法规方面，目前台湾严格禁止互联网药品销售。与之相反，经过多年的调整，大陆药店在互联网药品销售方面已取得了进展。台湾药店应该吸取大陆药店互联网药品销售经验，提前准备，一旦开放互联网药品销售，就快速应对。

四、最新的合作与交流

2023 年 4 月 21 日，漱玉平民大药房联合大树医药股份有限公司、SUGI 和旺旺集团在济南举行了四方战略合作签约仪式。本次多方合作，开创了药店多元业态模式，在新赛道上，能更好地应对未来挑战，提供更高质量的健康服务，促进两岸健康相关领域的发展。

2023 年 11 月 23 日，在中国医药物资协会第 17 届成长大会暨首届两岸（厦门）中医药高质量融合发展论坛上，大树医药与大陆知名品牌连锁药店万和、九洲、恒康、昌盛同时签署战略合作协议,揭开台湾大树药局与大陆品牌药店全面合作的序幕。

唐先伟专家点评:

在多次到台湾交流学习过程中,我与台湾同行,尤其是大树的郑明龙先生结下深厚友谊。药店在复杂多变的政策和市场环境因素的作用下,只有不断创新求变,才能与时俱进,赢得主动。在这个问题上,两岸药店(局)的领头羊责任重大。只有奋力而为,迎难而上,才能不负时代。两岸药店(局)的发展阶段不同、医保政策不同、商品结构不同等,正是我们要加强交流合作的原因,是加快融合的基础。我热切期待与大树携手合作,共同推进两岸药店(局)的融合发展。

(唐先伟,重庆万和医药集团董事长兼总经理)

道地药材在两岸市场推广的设想

/ 杨朝文

杨朝文，文山三七产业协会会长、云南七丹药业股份有限公司董事长、文山三七农业种植专业合作社联合社理事长。

七丹药业，2008 年创立于三七的道地产地文山，为三七全产业链科技创新型新三板挂牌企业，已建成绿色数字化智慧工厂及国家 3A 级旅游景区云南七丹三七文化产业园。

我国现有中药 12800 余种，是世界上草药应用最广泛、药用资源最丰富的国家。道地药材是我国中药材的重要组成部分，是指在中医理论指导下，临床实践中发现与总结出来的具有较高知名度，在最适合的地理环境和生态条件下生长，具有独特品质和显著疗效的药材。中国道地药材具有历史悠久、产地适宜、品种优良、炮制讲究、疗效突出，并带有明显地域性的特点。道地药材是优质药材的代名词，是确保中药材质量和疗效的重要保证。

以道地药材文山三七为例，全国有 1430 多家制药企业、1400 多个药品使用三七作为主料或辅料。全球 90% 的三七原料源于文山。文山三七是云南省生物医药产业中资源丰厚、基础扎实、前景看好、市场广阔的重要道地药材。

关于如何将文山三七这些道地（食）药材在两岸进行有效推广，我们提出以下设想。

一、政策重点支持

（1）出台税收减免、财政补贴、资金扶持和技术指导等相关政策和措施，积极鼓励和引导企业、农户等参与道地药材的种植、加工生产和销售，推动道地药材产业的发展。

（2）组织专家研究道地药材的生产、加工和质量标准，制定统一的生产技术规范和质量检测标准，确保道地（食）药材的品质。

（3）通过各媒体平台和渠道，加大对道地（食）药材的宣传力度,提高两岸民众对道地(食)药材的认知度和认可度。

（4）积极推动两岸道地(食)药材产业的交流合作,促进技术、人才和信息的共享,提高两岸道地(食)药材产业的整体水平。

（5）鼓励和支持两岸科研机构和企业开展道地(食)药材的科技研发,推广新技术、新品种,提高道地(食)药材的生产效益。

（6）积极推动两岸道地(食)药材政策协调,为两岸道地(食)药材产业的合作发展创造有利条件。

二、提高道地(食)药材知名度

（1）文化教育推广。开展中医药文化教育活动,如举办两岸中药材文化节、中药材知识讲座等活动,让消费者更好地了解中药材的功效和使用方法,增强公众对道地(食)药材文化价值的认识和接受。

（2）专家推荐。邀请两岸的药学专家和中医专家进行道地(食)药材的解读和推荐,增加产品的权威性和可信度。

（3）举办展览。定期举办中医(食)药材展览会,邀请两岸乃至国际的采购商和消费者参与,提高知名度和影响力。

（4）媒体宣传。通过电视、广播、报纸、杂志等主流媒体以及新媒体进行宣传,介绍道地(食)药材的功效和特点,提高消费者对其的认知度和信任度。在两岸建立专属的官方网站和社交媒体账号,发布道地(食)药材的信息、故事和用户口碑,吸引消费者关注和购买。

三、加强渠道建设

（1）对台湾市场进行全面的市场调研分析，制定差异化的营销策略，如针对年轻人推出健康保养类产品，针对中老年人推出养生保健类产品。

（2）在市场布局方面考虑线上和线下双渠道布局。企业可以通过与台湾的实体店和电商企业建立合作关系，将道地（食）药材引入台湾市场，并提供专业的销售指导和培训，扩大道地（食）药材的销售网络。

（3）通过举办各类线上线下活动，如讲座、品鉴会、优惠促销活动等，吸引消费者试用和购买道地（食）药材。可以让有条件的企业组织消费者开展道地（食）药材溯源活动，比如组织消费者到道地（食）药材种植基地现场体验种植、采挖新鲜（食）药材的乐趣，到工厂近距离、深度地了解产品生产加工全过程，到企业的产品展示中心进行（食）药材品尝、使用，增加消费者对产品的信心和认可度。

四、提高产品质量

道地（食）药材在两岸市场推广的关键是提高产品质量。一是要进一步加强对道地（食）药材种植、采收、加工等环节的质量控制，确保道地（食）药材的安全性和有效性；二是建立完善的质量追溯体系，对种植、采收、加工、销售各环节进行追溯，增加消费者信任度；三是由两岸相关部门联合，建立对道地（食）药材的认证认可机制，由专业机构对（食）药材进行认证，确保道地（食）药材的品质和来源符合标准。

五、推动融合创新

两岸可以共同推动道地（食）药材科技创新，提高道地（食）药材产业的竞争力和可持续发展力，为两岸民众提供优质、安全的道地（食）药材。要充分发挥高校、科研机构、医疗机构、企业和社会组织的作用，在点上突破创新，以点带面，促进两岸中医药大健康产业的全面融合发展。

黄秋云专家点评：

两岸的中医药交流合作，就道地（食）药材而言，大陆有非常丰富的资源。在两岸融合发展政策导向已经明朗的前提下，两岸中医药企业、科研院所、新闻媒体、权威专家等一起找到可以做的点，创新突破，并一点一点地取得实效。我认为，这肯定是一个好的机遇，但也不是一件容易的事，需要各种力量共同努力。我愿意和大家一起努力。

（黄秋云，福建名医，福建省中医药学会传承研究分会常务主委）

两岸医药人才交流回顾与展望

/ 陈建州　温尚谕

陈建州，台湾药师，台湾政治大学EMBA生技医疗组成员，中华生技医药行业协会会长，佳医集团医院药剂总监，台北市药师公会咨询顾问。

温尚谕，中华两岸健康产业交流协会副主任委员，皇汉医学生技有限公司负责人，资深社区药局药师（执业30年），培训专家。

交流是医药行业创新的基础，尤其在医药政策进行改革时，通过交流可彼此分享经验，促进医药企业、医疗保健技术进步，提升人类健康水平。

两岸医药行业各有特色，各有其值得学习的地方。10多年前，中国医药物资协会的主要领导就带团来过台湾。后来，福建和邻近省份协会每年都组织成员来台湾交流学习。在我们的记忆里，代航老师一次又一次领着积极、有创新意识的厦门大学总裁班学员到我们金门门店学习观摩，可看出学员们对学习的热爱。代老师又邀约我们到厦门大学和大陆同行做同学，在教学培训课程中与同学们探讨学习，共同进步。

受惠于国台办等部门"惠台政策"的出台，2018年我们组织200多位台湾药师前往厦门、福州参加福建自贸区执业药师资格考试，共计130多位台湾药师取得"自贸区执业药师资格证"，这意味着两岸医药行业撞击出了美丽的火花，你中有我，我中有你，一起生活工作，真正融合发展。

根据实际交流经验和经历，我们可把两岸医药人才交流分为三阶段。

第一阶段是初识与相交阶段（2012—2017年）：通过中国医药物资协会及其分支机构频繁组织在厦门召开海峡两岸医药交流合作论坛，到台湾参访丁丁、大树、佑全、惠生、天康等药局和生达等药企，同时邀请台湾知名医药人参加厦门大学医药总裁班研修等，初步建立两岸医药人的感情联系，做好持续交流合作的铺垫工作。

第二阶段是主题突出的双向交流、比较借鉴阶段（2017—2019年）：以在台举办第一届、第二届两岸药店（局）比较与借鉴论坛为标志，大陆医药专家来台深度交流。论坛主要内容包括医药零售环境研讨、经营管理主题演讲、沙龙同题演讲对话等，高强度、高密度地比较借鉴海峡两岸药店（局）在经营管理上的长处与特色。在论坛沙龙对话环节中，唐先伟、郑明龙、齐丽、刘志平、刘芦萍、张国芳、赵亚辉等共同建议以协会为平台，建立两岸药店（局）人才交流引进的合作机制并使之常态化。

2019年10月，台湾药师一行20人前往厦门参加福建自贸区执业药师资格考试，在中国医药物资协会研究院安排下，参访、研讨、交流，拉开两岸药师实质交流融合的帷幕。两岸药师参加全国药师技能大赛福建海峡两岸赛区决赛，以技会友，加快药学人才技术融合。在此前后，九洲、恒康、昌盛、康泰和回元欣等连锁药店高管到台湾药局进行为期一周的药店（局）经营管理实训，佑全高管等专程到惠好四海、回元欣、昌盛等进行回访。

第三阶段是台湾药师落地执业阶段（2023年11月至今）：台湾药师及专家一行近50人，前往厦门参加首届两岸中医药高质量融合发展论坛，两岸医药专家、企业家、相关部门领导等贡献智慧，就台湾医药专业技术人才来福建居住、就业创业等相关问题自由交流。我们期盼扩大台湾药师在大陆的执业范围，引进台湾药事照护技术，在福建设立第一家台湾示范药店。

就药店（局）的交流而言，中国医药物资协会来台活动，无论是参访丁丁、大树、佑全、惠生、天康、大贺、大森、大山、大金等药局和生达等药企，还是环台参访、开展论坛活动等，学员们都收获很多。

总之，上述几阶段交流获得了大量经验，对两岸医药人今后的融合发展十分必要且意义重大。展望未来，我们愿意投身于两岸医药人交流合作、融合发展的历史洪流中，做时代的先行者、融合项目的发起者和开创者。

赵亚辉专家点评：

我到过台湾参加两岸医药交流活动，我公司高管也专程去台湾接受过为期一周的实战培训，对台湾的处方药拆零"宅配"非常感兴趣。台湾药局在经营管理的精细化方面，值得大陆学习。尤其是他们的专业人才功底扎实，学习能力强。我非常愿意推动两岸医药专业人才的交流交融，使其更加深入。在各种人才的双向融合过程中，两岸药局（店）的合作将取得更大实效。

（赵亚辉，湖南恒康大药房股份有限公司董事长）

以专业态度促进两岸医药健康
行业融合发展

/ 何育伦

何育伦，加拿大亚伯特大学医学院临床药理学硕士，加拿大亚伯特省执业药师，台湾药师，知名医药行业咨询培训师。

北京何氏投资管理有限责任公司2014年成立于北京，专为连锁药店提供技术、经营策略及总部组织优化、资本作业等服务。

最近几年，我从台湾来到大陆，从事医药健康行业的咨询培训，一路走来，磕磕绊绊，却又信心满满，迎接挑战和机遇。

自从1997年我在QS全球排名百强的加拿大亚伯特大学医学院获得临床药理学（药学系）硕士学位后，我就立志将我的专业知识和经验带回大陆，为两岸医药健康行业的融合发展做出贡献。一直到2017年，在代航老师的指引之下，我在福建担任连锁药店总经理一职，才有机会将自己在加拿大、美国以及东南亚等地在药店经营管理方面长期积累的工作经验，投入大陆这块亟须医药专业资源的市场中。通过与团队协力合作和不懈努力，药店的经营效益得到了显著提高，业绩持续增长。这一经历让我更加坚定了投身药店经营管理的决心。

为了更好地发挥我的专业优势，在李惠笑老师和张国芳老师的支持指导下，我创办了北京何氏投资管理有限责任公司，并一度担任北京康顾多管理咨询有限公司的顾问合伙人。近年来，我积极参与药店经营管理、企业顾问咨询、带教及健康顾问等工作，为医药企业提供专业指导和智慧支持。

我还积极参与行业组织和研究机构的工作，担任中国医药物资协会和两岸药店研究所的品类管理及新零售负责人。通过参与行业专题研讨会议、大型年度会议、专家论坛等活动，我不断获取行业前沿信息，为医药健康行业的发展和创新做出贡献。

为了加强两岸药店经营技术的交流与合作，我积极建构两岸药店经营技术交流平台，推动合资合作。通过这一平台，我希望能够促进两岸药店经营技术的互相学习，共同提高，为整个医药行业的发展做出贡献。

在台湾，我曾担任屈臣氏总公司的健康用品及药品采购处长及晨安/晨新药局的药师。这些经历让我更加了解医药行业的需求和挑战，也增加了我对大陆医药健康市场的理解和信心。

我将一如既往地努力拓展自己的专业领域，为医药行业的发展做出更大的贡献。我也希望我的经历能够鼓舞其他有识之士，共同在医药健康市场这片沃土上创造美好的未来。

黄文勇专家点评：

我多次和太太、女儿来到厦门。作为一名台湾老医药人，我

喜欢厦门，喜欢这里的医药同行，以及他们所从事的健康事业。我对加强两岸医药同行的交流、促进两岸医药融合发展，充满信心。

台湾在医疗服务、照护管理和健康保健等领域有着丰富的经验，大陆有着丰富资源和大健康产业的广阔市场。本文作者何育伦先生对台湾医药健康状况非常了解，现在到大陆从事医药咨询培训工作，很受欢迎，就是一个榜样和示范。

期待今后两岸医药精英人才有更多的双向交流合作，融合发展，共赢未来！

（黄文勇，台湾德而富生技公司董事长、南投公会顾问）

海阔风轻竞自由

/ 王毅清

王毅清，中国医药物资协会常务副会长、湖南达嘉维康医药集团董事长，深耕医药行业35年，始终坚持"质量至上，诚信为本"的经营理念与"立足湖南，放眼中国，走向世界"的经营方针，勇于创新，锐意进取，着力将企业打造成一个集研、产、销于一体的现代医药集团。

达嘉维康，中国药店"DTP药房第一股"。从2002年10月至今，湖南达嘉维康医药产业股份有限公司、湖南达嘉维康医药有限公司、湖南中嘉生物医药有限公司、达嘉

维康生物制药有限公司等先后成立，覆盖医药流通和研发生产供应链，并拥有多个知名商标。

1989年从湖南师范大学化工系毕业后，我先在湖南省医药工业研究所从事研发工作，后来在湖南省医药公司担任党委委员、副总经理。2000年放弃"铁饭碗"，自主创建同健大药房（达嘉维康零售连锁药房的前身）。此后20多年，日夜兼程，直至和团队将企业发展成上市公司。

一、布局医药大健康产业链

湖南达嘉维康医药集团现有员工3000多人，集新药研发、生物制药、医药流通、零售连锁药房（DTP专业药房）、生殖与遗传专科技术服务于一体，旗下拥有湖南达嘉维康医药产业股份有限公司、湖南达嘉维康医药有限公司、长沙嘉辰生殖与遗传专科医院、达嘉维康生物制药有限公司、湖南天济草堂制药股份有限公司、宁夏德立信医药有限责任公司、山西思迈乐药业连锁有限公司、海南达嘉维康鸿春堂药房连锁有限公司、北京正济堂药品连锁超市有限责任公司、银川美合泰医药连锁有限公司。

公司上市后，我们聚焦拓展跨省级区域专业药房发展，以医药零售为拓展增量，通过"互联网+"药品流通模式拓宽赛道，加快数字化集团化转型，完善大健康产业链，引领公司走向高质量发展新阶段。

二、聚焦于专精特色

达嘉维康虽然着眼于医药大健康产业链的锻造与整合，但专精特色是我们永恒不变的追求。具体来说，我们比较注重以下几点：

（1）全链布局医药研制。专注原创化学药、创新中药、首仿药、大健康产品的研究开发。拥有湖南省重点实验室，组建了一支具有丰富新药开发经验的创新团队，团队中硕士以上学历成员占比超过 50%。拥有两家全自动化生产的制药企业，主要生产中成药、化学药、医疗器械、日化产品、药食同源产品，获评"省级企业技术中心""湖南省智能制造标杆车间"称号。

（2）着力完善医药流通。以经营抗肿瘤用药、移植用药、呼吸系统用药等药品为特色，以新特药为主要经营方向，是湖南省重点医药储备企业、湖南省公共卫生应急物资承储企业，还是湖南省药品经营企业前五、医院纯销前三。目前有 5 万余平方米的智能物流中心，采用全球领先的智能化设备及系统，加强"人、货、场"精细化管理，打通基层医药配送服务向乡镇延伸的最后一公里。

（3）创新发展专业药房。早在 2002 年，就成立湖南省首家"特门"药房。以"慢病管理 + 专业服务"为独特优势，现已在海南、宁夏、山西、北京、安徽、河北等多地扩展专业药房。拥有连锁药房近 2000 家，经营药品品规达 2 万余种。

（4）特色拓展医疗服务。投资兴建经湖南省卫健委审查批准的三级专科医院，拥有雄厚医疗资源，以生殖与遗传专病为主，以免疫保胎及干细胞干预临床治疗为特色，与省内综合性三甲医院以紧密型医联体方式开展合作，完善辅助生殖服务。

三、面向港澳台和东南亚市场

鉴于国际政治经济形势，我们从 2023 年下半年开始，特别关注香港及东南亚市场。香港地理位置优越，是中国南部的门户，与内地和东南亚经济体系联系紧密，是中国与世界交流的窗口。2024 年以来，我和公司高管多次赴东南亚国家和香港、澳门特区考察，最近刚刚邀请香港港九药房总商会来湘考察交流。

针对香港的市场情况，达嘉维康后续将把自身独特的专业药房服务模式和自有工业产品引入香港，为当地民众带去更多健康医药服务。同时也希望两地能够建立更加紧密的联系，成为更加亲密的伙伴，将海外产品引入内地市场，为民众提供更多可选择的医药产品；全面对接，深化合作，常态长效地开展交流合作，共同走好互补共进、互利共赢的发展之路。

海阔风轻竞自由，百舸争流顺潮涌。以此共勉同行，奔赴美好未来！

刘忠良专家点评：

　　前不久，当头部连锁药店（包括台湾大树药局）都在争相布局香港和东南亚市场时，达嘉维康也在加紧港澳市场的调研，并在实际市场业务方面开始了一系列动作。好快！

　　这就是王毅清董事长前瞻性战略布局及快速决断的一个具体体现。企业家就是这样，看清大势并顺势而为，在别人还在彷徨观望时，他的决策已经做出，行动已经展开。期待达嘉维康在新一轮国内外经济大循环过程中，再创佳绩。

　　（刘忠良，中国医药物资协会执行会长兼秘书长）

医药短播营销和数字人新赛道开启
两岸医药交流新天地

/ 王李珏

王李珏，中国医药物资协会副会长、基层医疗分会秘书长，广东阿康健康科技集团有限公司董事长兼CEO，国内DTP+CDC模式创始人。

广东阿康健康科技集团有限公司成立于2016年，是一家专注于处方外流背景下的DTP产品供应链集成服务

与慢病病种解决方案、医药流通数字化、医药处方流转、基层医疗

服务、全国院外CSO服务的综合性集团公司，致力于构建"三云"（云医、云药、云仓）本地健康服务平台。

两岸同宗同族，血浓于水。两岸医药大健康领域同样面临数字化、网络化、新媒体化的时代趋势，大陆似乎要超前一些。

针对医药短视频直播和数字人的最新进展，我给台湾同行做一些说明，希望在相互了解和交流过程中，能够加强合作，跨界跨海融合发展。

一、无内容不营销，无内容不增长

《中国互联网络发展状况统计报告》显示：截至2023年6月，网民规模达10.79亿人，较2022年12月增长1109万人，互联网普及率达76.4%。短视频用户规模达10.12亿人，网络直播用户规模达7.51亿人，市场规模超7000亿元。随着直播、短视频成为吸引网民"触网"的首要应用，消费人群边界被打破，消费者因生活态度和兴趣被切割在不同的圈层，尤其是Z世代的新消费主力人群更加注重圈层文化。

对医药企业来说，内容营销尤为重要。产品学术推广、药识科普、新品上市、专家背书、营销赋能都离不开内容传播。振东安欣生物制药有限公司的达霏欣（米诺地尔搽剂）就是现象级案例，其在抖音发起拯救发际线活动，播放量破101.8亿大关，线上线下、公域私域全面引爆。头部、中腰部关键意见消费者（key opinion consumer，KOC）及"素人"以短播方式创作种草内容，让话题度居高不下。除了线上引爆外，在线下搭建国人毛发健康研究中心，为消费者提供脱发专业诊疗方案，进行学术赋能。快闪活动激活年轻群体流量。门店带培，建立标准服务流程。生发专员覆盖百城，生发公益行走进千家万户，拓客转化为成交，进行动销赋能。同时，利用专属客服团队，进行一对一全程用药及毛发健康管理指导，提高顾客黏性，进行服务赋能，为连锁增客锁客。同样在内容营销上玩出花样的，皮肤科赛道头部企业知原药业也有不少出圈案例。

二、数字人短播，开启营销"寒武纪"

人手一个数字人的时代来临了。吴晓波老师2022年终预测，2023年每家公司都需要一个数字人。横空出世的AIGC（artificial intelligence generated content）、GPT（generative pre-trained transformer）为营销带来了新变革与新机遇。相关数据显示，2022年，中国数字人带动产业市场规模和核心市场规模分别为1866.1亿元和120.8亿元，预计2025年将分别达到6402.7亿元和480.6亿元。

数字人直播对人效提升是非常明显的。在很多没有真人操控的数字人直播间，基本不需要付出人力成本。据悉，目前AI数字人的制作成本甚至已经降到了千元人民币级别。从使用成本来看，团队、直播间以及物料、管理等各种费用综合下来，一个直播间的年成本在 75 万元以上，而借助 AI 数字人，一年只需几万元成本。

医药企业布局数字人可以使产品实现超高转化率。2023 年 6 月，同仁堂开始正式使用虚拟主播，让其填补深夜无人值守时段，在京东平台带货燕窝、阿胶等 100 余款热门产品。此后半年内 AI 主播业绩稳定，成交转化率超 10%。10 月起，同仁堂陆续增开唯品会等平台账号，打造多平台的 AI 直播矩阵。

除了直播场景的应用，数字人在个人 IP 打造、知识类短视频的应用也很广泛。更有不少的流量 IP 已经逐步开始启动自己的数字分身，做内容生产。比如大家熟知的刘润老师，其抖音账号的短视频内容是其数字分身完成的。数字分身不受时间、地点、环境等因素的影响，能支持高强度的直播，在效果呈现上基本做到接近真人上播。

医疗器械、药品具有严肃性、专业性，这也意味着它具有标准性。标准化的营销内容、产品教育，以及流程化的经营管理，无疑跟数字人的应用场景是高度契合的。目前，运作医生 IP、健康达人的多频道网络（multi-channel network，MCN）机构也陆续进入数字人 IP 赛道试水。

基于这种洞察，抖药作为医药大健康的专业内容营销平台，融入数字人技术,有效解决医药直播不会播、播不好、持续播的问题。叠加 GPT+AIGC,构建数字人内容工厂,抖药从内容生产、内容分发到内容转化,帮助药企打造"品牌数字人全域营销中心",降低内容门槛,解放企业生产力,降本增效。在品牌 IP 打造上,抖药与众多专科医生、医药营销专家达成合作,为行业不断输出品牌个人 IP,如药圈"大咖"李从选、邵清等。

抖药数字人直播与分播体系有效融合,构建工商联动营销新生态。工业赋能商业更简单,工商自主开播,内容生产更简单。过去,医药商业、连锁药房在短播营销上无法持续,一是投入的成本高,二是缺乏专业团队,三是内容门槛高。如今,这些痛点都能较好解决,像 2023 年东阿阿胶联合健民医药、香雪联合五福堂,"线上营销+线下门店"动销。华润三九与九芝堂双品牌联袂,"线上营销 + 线下地推"直达广东终端。众生医药的秋播行动,通过线上直播强化消费者的消费决策,为线下门店引流。

在零售药房的应用上,抖药数字人自动播可以随时随地开播,无须主播,无须录音,无须助播。AI 生成话术,快速完成直播搭建;AI 互动 3D 音效,一键提升直播效果。让每个药店拥有"数字人药师""数字人客服""数字人导购",正在逐步变成现实。

三、海峡两岸共促短播数字人营销发展

目前,数字人短播营销在大陆医药行业的渗透率还不高,大家

处于学习、接纳、实践的阶段。未来，伴随云计算、AI、5G 等数字技术的突破，全真互联时代必将到来，线上线下必将跨时空融合。"大模型 + 小样本"普及，数字人成本将进一步降低。从市场需求、产业发展、用户规模看，数字人短播营销呈现巨大发展潜力。

台湾的 AI 技术相较大陆还存在差距，近期，两岸在 AI 数字技术、短播营销方面的交流愈加频繁。期望两岸医药同仁共同携手迎接新变化、拥抱新技术，加速数字人走进现实世界，让数字技术为人民美好健康生活持续发力。

陈建州专家点评：

在全世界范围内，以 ChatGPT 为代表的人工智能生成内容"破圈"，预示着医药健康领域的营销格局正在被加速改写。视觉时代，以直播、短视频为代表的视觉互动营销与数字化营销将成为主旋律。在台湾，我们已经感受到这种变化，以及这种变化对消费环境的深刻影响。非常乐意接受这样的变化，并希望在两岸交流过程中，更多一些面对面的学习考察，更多一些可行性项目的双向融合。我热切期盼着！

（陈建州，中华生技医药行业协会理事长）

药食同源品类在药店渠道的品牌运作前景无限

/ 杜 飞

杜飞，湖北非药集采供应链有限公司董事长，深耕医药行业 15 年。"品牌非药"先行人，致力为全国连锁药房打造"前店后厂"的经营模式。

湖北非药集采供应链有限公司，聚焦药房非药类产品，是专注服务连锁药店的 S2B2C 服务提供商。公司以"品牌＋品质＋低价"为产品定位，帮助连锁药店降本增效。

2005 年前后，虽然那时的药店规模都不大，但以海王星辰为代表的药店系统开始着力探索药品和非药品的贴牌销售。最近几年，药店系统各种各样的贴牌产品非常流行。但说实话，这些贴牌，最多只是一个渠道品牌，没有消费者根基，真正做成消费者品牌的几乎没有。我们在想，如果倒过来，把本就有受众基础的品牌引入药店来销售，而这些品牌自带流量，有消费者根基，是不是就可以卖得更好呢？

按照这个思路，我们这两年就做了一件事，就是把日化领域的知名品牌直接引进到药店售卖——我们称之为"跨界品牌植入"，结果起量很快，而且几乎都是在全国性大连锁药店首先卖起来的。目前，我们正在加快与各区域龙头连锁药店的合作进度，希望在市场实践中总结出一套模式方法，为行业多样化发展贡献力量。

除了日化品牌，中国医药大健康产业的中医药经过这些年高质量发展也催生出许多新兴品牌，如三七的道地产区文山的"七丹"品牌。作为当地龙头企业，七丹药业公司的产品既有药材产区的道地性和地理标志属性，也有技术研发的先进性，还有全国市场的渠道/顾客基础，尤其是地上部分的三七茎叶、三七花和地下部分的三七须根纳入地方特色食品管理，三七主根及剪口作为道地药材应用。药监局允许药食品同源的中药饮片可不凭处方开架销售，同时国家放宽药品零售企业经营药食同源精制包装中药饮片准入条件，在国家政策和社会需求两个层面下，未来市场空间无限。这正是大健康品牌植入药店的最佳时期。

非药集采董事长杜飞与七丹药业董事长杨朝文签署合作协议（2023 年 11 月）

国家高度重视中医药发展，随着人口老龄化及消费者健康意识提升，中医药对民众健康生活的作用越来越大，药食同源产品品类在药店经营中市场潜力巨大，前景广阔。具有道地药材性质的大健康品牌也会在这个历史进程中快速崛起。

当然，中医药大健康品牌从（药店）渠道开始品牌建设，前期品牌共建比较重要，也有难度，需要花费更多的时间精力进行品牌策划来促使"品牌出圈"，特别是让品牌与消费者产生更多的链接。我们愿意在这条道路上坚定不移地走下去，经历艰难险阻，览尽无限风光。

林庆钟专家点评：

我很高兴能在中国医药物资协会主办的首届两岸（厦门）中医药高质量融合发展论坛上，认识作者和他们的企业。两岸中医药深获民众信赖使用，壮盛民族生命，但面临西方保健食品市场竞争，两岸中医药都面临传承创新挑战。非药集采与七丹药业签署合作协议，将三七品类、七丹品牌与药店龙头连锁企业的品牌结合，在预防保健需求下，创立"大健康品牌植入药店"企业成功案例，展现两岸中医药高质量融合发展的强大后劲，可造福两岸人民的健康福祉！

（林庆钟，台湾中台科技大学、台湾中国医药大学教授，博士）

共圆健康梦

——写在首届世界灵芝大会之后

/ 张章奇

张章奇，浙江维康药业股份有限公司党委书记、副总裁。

浙江维康药业股份有限公司是一家以药品研发、生产、销售为主的大型综合性集团企业，涵盖连锁药店、中医诊疗、商业物流、药用辅料、药用包材和中药材种植等业务板块，是国家高新技术企业、国家知识产权

示范企业、浙江省重点企业、浙江省科技小巨人、浙江省绿色企业、A股上市公司。

灵芝作为中华传统名贵道地药材之一，因具有极高的营养和药用价值，而备受人们青睐，被誉为"仙草"。2023年11月24日，由中国医药物资协会主办，世界中医药服务贸易联合会、浙江维康药业股份有限公司协办的2023首届世界灵芝大会在厦门召开。海内外关心中医药行业、关注灵芝产业发展的相关领导、专家学者、企业精英齐聚一堂，为灵芝而来，热议灵芝产业发展前景，深度发掘灵芝价值，助推灵芝健康产业驶入高质量发展新通道。

会上，浙江省龙泉市委副书记、市长王国锋向与会嘉宾学者倾情介绍"龙泉的灵芝 道地的灵芝 世界的灵芝"，指出龙泉将深入实施灵芝产业高质量发展行动计划，推动产业链、创新链、人才链等多链融合，打造集加工、销售、文化展示为一体的灵芝产业园。

我有幸代表维康在大会上围绕"做大单品、做强企业，带动一二三产融合发展"进行交流发言。龙泉市作为"中华灵芝第一乡"，先后获评为"中国道地灵芝的核心产区""中国原生态灵芝栽培示范区"。维康药业作为丽水市成长和发展起来的上市医药企业，聚焦中医药大健康产业，深耕20余年，始终专注主业、做好产品，积极落实《丽水市中医药大健康产业发展三年行动方案》，以龙泉灵芝为产品主线，打造灵芝领导品牌，带动一、二、三产融合发展，为丽水市中医药大健康产业高质量发展贡献更多的力量。

　　维康药业致力于灵芝产业链的高品质加工技术的研发和创新，加速"产业大脑＋未来工厂"建设，在中药行业率先推动数字化转型，将技术与工艺标准化，提升产品的质量，培育技术和产品优势，形成能适应未来30年发展的企业核心竞争力。在品牌建设上，我们也在大会上和中央广播电视总台签署战略合作协议，依托和借助总台国家级强大的品牌传播能力和资源整合能力扩大维康破壁灵芝孢子粉的品牌影响力。在市场布局和策略上，我们联合全国区域市场的优势连锁药店，开展"健康中国灵芝爱心天使"千城万店推广项目，致力于连锁沉浸式的体验场景化营销，构建终端养生、慢病管理、病例收集、现场体验、品类动销五位一体式的终端销售平台，为企业发展带来全新的变革。

　　两岸中医药同根同源，一脉相承，维康愿与两岸同仁一道加强灵芝科技和产业的合作与交流，携手共进，促进中医药事业发展，共圆健康梦。

李从选专家点评：

在国家重视中医药、政府关注健康、全民注重养生与提升免疫力的大背景下，维康药业借助同处浙江丽水地区"中华灵芝第一乡"龙泉市的灵芝资源优势，把九大仙草之一的灵芝产品系列化，精心做出了颜色纯正、香味浓郁的低温破壁灵芝孢子粉，并把做大黄金单品作为企业战略，在全国零售药店通过打造灵芝养生方专区，大力普及灵芝孢子粉。这既是应时之举，更是造福百姓、振兴地方经济的善举。

中药单品突破是未来做大中药品类的趋势之一。灵芝味甘，性平；归心、肺、肝、肾经，具有补气安神、止咳平喘功效。期待维康药业把破壁灵芝孢子粉打造成药店黄金大单品，服务民众健康。

（李从选，中国医药物资协会研究院资深专家、OTC营销知名专家）

麝出西北香结实：锦瑞德贵稀中药道地传承

/ 李荣辉

李荣辉，锦瑞德控股集团董事长，浙江省陕西商会执行会长。对贵稀动物中药的品牌营销、医疗推广有着较为丰富的经验和独到见解。

锦瑞德建有全国圈舍规模最大的林麝养殖繁衍基地和麝香生产创新研发基地，自有林场15000亩，拥有林麝检测、基因研究机构和完善的生态养殖（GAP标准）、科学制药（GMP标准）、专业销售（GSP标准）的全产业链。

麝香自古以来便是中医药宝库中的一颗璀璨明珠。它不仅以其独特的香气闻名，更因其在传统医学中的广泛应用而备受推崇。麝香取自麝鹿的香囊，是一种珍贵的中药材。在中国古代，麝香因其稀有和疗效显著，常被用作贡品。《神农本草经》中就有关于麝香的记载，称其"主辟恶气，杀鬼邪，温中，去寒热，除三虫"。

一、麝香功效与陕西麝香历史

麝香具有开窍醒神、活血化瘀、止痛消肿的功效。在古代，麝香被广泛用于治疗心脑血管疾病、跌打损伤、风湿痹痛等病症。现代医学研究证实麝香有多种药理作用，包括抗炎、抗菌、镇痛等。

陕西地区麝香历史悠久，其历史可以追溯到新石器时期，当时陕西地区的林麝资源非常丰富。在唐代，麝香作为主要物品进贡给朝廷，根据《新唐书·地理志》记载，山南道的金州、洋州都出产麝香，这些地区的麝香因其质量和数量而闻名。宋代延续了这种情况，金州、洋州依然为主要的麝香产地。文献中提及的"群麝"表明当地林麝的数量非常可观。元代《马可波罗游记》中也提到汉中府一带林麝数量众多。明代地方志显示，麝香被略阳、城固、洋县和凤县作为地方特产上贡给朝廷。

二、道地养殖，真材实料

为了保护和可持续利用麝香资源，中国在 1958 年开始了野生林麝的人工养殖探索，并在 20 世纪 60 年代中期成功掌握了林麝驯养繁殖、活体取香技术。20 世纪 80 年代，陕西省在太白县、凤县和陇县成功开展了林麝的饲养繁殖，并取得了显著成绩。如今，陕西凤县已成为中国林麝养殖的重要基地，人工养殖林麝存栏数占全国总数的 60% 以上，年生产天然麝香达到 60 千克。目前全国野生林麝资源不足 5 万只，因而被我国列为一级野生保护动物。锦瑞德原生态养殖方式使林麝摆脱了濒危处境，为中医临床用药提供了源源不断的药材资源。

近日，中国药文化研究会麝养殖及麝香科普分会成立。我在会上为锦瑞德做了这样一则"广告"：中医药是为百姓健康服务的，锦瑞德做的就是良心。天然道地养殖基地、道地麝香原料是传承的前提，我们坚持每一克麝香都来自自己的生态道地基地，确保真材实料。

建设天然道地养殖基地，要有乡村振兴和生态保护的高度，通过科普教育，凝聚共识，让全社会重视麝香这一名贵动物中药的传承与应用。国家扶贫办社会扶贫司原司长曲天军曾经说过："林麝作为我国特有的珍稀动物，其分泌的麝香具有极高的药用价值和经济价值。在大力弘扬中医药事业之际，我们一定要致力于林麝养殖技术的创新与推广，提高养殖效率，保障麝香资源的可持续利用，同时也要加强麝香科普教育，提升公众对林麝保护和麝香价值的认识，促进社会对麝香产业的理解和支持。通过科普活动，增强人们对生物多样性保护的意识，为乡村振兴注入新的活力。乡村振兴与林麝产业化的结合，不仅有助于保护生物多样性，还能带动当地经济发展，实现生态保护与经济发展的双赢。"

三、新质生产力助力麝香产业发展

展望未来，贵稀中药材在中医药的传承与创新方面将继续作为新质生产力的重要推动力。国家中医药管理局科技司原副司长孙丽英也指出："林麝作为中医药宝库中的珍贵资源，其麝香在传统医学中具有不可替代的地位。我们要用新质生产力的理念加强麝香在中医药中的应用研究，挖掘麝香的药用潜力，通过科技手段，提高麝香的提取效率和纯度，降低成本，推动麝香产品创新开发，加快中医药现代化和产业化进程，从而为中医药的传承与发展做出新的更大贡献。"

吴晓民专家点评：

　　作为麝香产业在道地产区陕西省的领军企业，锦瑞德在林麝养殖，麝香原料提取、研发、生产等环节的标准制定、科学普及、技术改进等方面做出了重大贡献，值得赞赏推崇。希望锦瑞德在李荣辉董事长带领下，充分整合社会资源，再接再厉，为中国麝香产业的高质量健康发展做出更大贡献。

　　（吴晓民，陕西省动物研究所学术委员会主任、野生动物保护与生物多样性监测评估中心主任）

案例

独树一帜的李时珍中医药文化营销

/ 杨明江

杨明江，李时珍医药集团有限公司总裁，中华中医药学会基层中医药协同创新发展共同体主席、福建省药师协会副会长，著有《中国好营销》《中医药文化营销理论与实战》等图书。

李时珍医药集团，为中国制药工业百强企业，是集药材种植、中药饮片、中药配方颗粒、中成药、保健酒、蕲艾药妆系列大健康产品，以及研

李时珍
国际知名商标

本草纲目牌
中国驰名商标

蕲艾
国家地理标志商标

081

发、生产、批发、零售、中医药职业培训于一体的跨地区现代化中药集团公司。企业在册员工 5000 余名，全国设立营销服务处 463 个，销售网络遍布全国各地。

近年来在习近平总书记的大力推动下，中医药迎来了快速和高效的黄金发展期。李时珍医药集团作为医药双圣李时珍的传承单位，在中医药高质量发展潮涌之际，更是要牢牢把握历史机会，勇立中医药复兴的潮头。

集团坐落于"指草皆为药、路人皆懂医"的李时珍故里湖北省蕲春县。集团创始人、董事长林朝辉先生，从台湾花莲县来到祖国大陆，在创立李时珍医药集团时，就确立了"传时珍医药伟业，谱本草科学新篇"的核心理念；以"让中医药走向世界、让世界了解中医药"为企业使命；践行"弘扬李时珍精神，传承中医药文化"。

企业经过 25 年的成长沉淀，现已名列中国制药百强的第 47 名、中国中药企业百强第 26 名、中国非处方药企业二十强第 7 名。"李时珍""本草纲目""蕲艾"三大品牌价值超百亿。李时珍人坚守扎根中医药，以勤劳、智慧、勇敢的守正创新的匠人精神，发展出了具有李时珍医药集团特色的中医药文化营销模式。

李时珍医药集团在市场实践中，创新地将中医药文化与二十四节气传统养生和中华传统节日有机结合起来，开展丰富的、老百姓喜闻乐见的、互动性强的中医药文化活动，打造具有李时珍医药集团特色的"本草纲目中医药健康养生村"，让全社会都感受到中医药文化和中华传统文化的魅力。

以人为本、匠心传承是做好传承和发展的核心驱动力。为此，集团成立了"李时珍学院"，大力培养中医药人才并推动上岗就业。25年来，李时珍学院为医药行业培养并输送了数万名中医药人才。集团推行"李时珍微中医馆"模式，学员学习中医技术并下沉到社区、药店，服务群众，深受老百姓的喜爱，也得到了业界的推崇。同时，集团发起并常年推动"我是小小李时珍""一起来种艾"活动进校园、进社区、进养老院，鼓励更多的人参与进来，让中医药的种子在人们心中生根发芽，带给更多的人健康和幸福。

助力建设健康中国，构建人类卫生健康共同体，中医药大有可为，也必定大有作为。李时珍人薪火相传，不忘初心，扎根中医药，与所有志同道合的伙伴，共同为中医药事业贡献自己的力量。

代航专家点评：

我在厦门生活工作10年，组织带领大陆医药人去台湾学习交流10多次，每次都有收获（包括组织台湾同行来大陆交流），也结交了不少重情重义的台湾医药人。集团总部在厦门的李时珍医药集

团，作为在大陆医药零售市场发展中医药的知名台资企业，其独特的中医药文化营销经常会得到两岸医药人的赞誉。这篇简短的文章，让我们知晓了李时珍医药集团之所以独特的几个着力点。

从好的结果来看过程，都是非常有逻辑、有章法的。但是，长时间的坚持与不断创新的过程，只有当事人才能体悟其间的艰难与困顿。可喜的是，林朝辉董事长制定方略，杨明江总裁及其团队强力执行，李时珍医药集团一路高歌猛进，的的确确树立了两岸中医药高质量融合发展的典范，值得我们学习效仿，呵护传扬。让我们共同迎接两岸融合发展新阶段中医药传承创新的伟大历史机遇！

（代航，中国医药物资协会研究院执行院长、两岸医药交流中心主任）

开创亚洲抗衰老预防医学的先河

/ 王怡今

王怡今，毕业于中欧国际工商学院及瑞士洛桑酒店管理学院，获工商管理硕士学位，拥有数十年海内外管理工作经历。自2008年起便扎根于国内市场，投身于医疗大健康行业。现为安法医新抗衰老预防医疗集团细胞生技策略发展部总监。

安法医新抗衰老预防医疗集团为抗衰老预防医疗机构，旗下包括台北安法诊所、上海安法门诊部、医新细胞生技及安法（海南）国际细胞中心。

医新生命科學
CELL DOCTOR LABORATORIES

1994 年，在台湾医疗体系仍着重发展普及医疗服务时，王桂良毅然决定辞去长庚医院外科职位，投身预防医疗行业，于台北创立了安法诊所。而后又于 2009 年成立医新细胞生技，与安法诊所合并为安法医新抗衰老预防医疗集团，为拥有健康意识的高端人群提供精准的预防医疗、健康管理服务。

创办人王桂良院长被国际权威医学组织世界抗衰老医学会推荐为咨询顾问，绝非浪得虚名！在安法即将迈入 30 年之际，一路走来，王桂良院长坚信，在不久的将来，大健康产业将与治疗医学脱钩，预防医学将引领新世纪医疗，逐渐朝向个人化、精准化的方向前进。

随着两岸关系的不断深化发展，两岸医疗行业的交流与合作也日益频繁，台湾优质医疗产品和服务在大陆市场上备受欢迎。在台湾人聚集的上海长宁区古北地段，安法医新在 2015 年便开始于此扎下营盘，布局大陆市场。作为一家拥有先进的抗衰老预防医学理念和技术的台资医疗机构，安法医新之所以取得目

王桂良院长

前的一些成就,主要有三方面的经验。

(1)在医疗服务方面,安法率先引入年度预防医疗会员的理念,首创六对一的私人医生服务模式,并选择让医疗生活化,将精准健康的医疗服务落地于上海长宁区金虹桥国际中心。2015年成立上海安法诊所,2018年升级为上海安法门诊部,2019年设置北京安法服务据点,2023年设立安法(海南)国际细胞中心,让海内外有健康意识的人群能够延缓老化及疾病的发生,提升生命品质,活得更健康、更年轻、更有活力。

(2)在健康产品方面,由医新细胞生技领头,向大众普及"精准健康"。利用预防医疗数据库及临床实践,设计最佳处方,开发专业级独特营养品,提供一站式产品顾问服务,整合产品设计、生产、专业培训、营销培训等环节,提升"精准健康"竞争力。

(3)大陆拥有创新创意土壤,有活跃的科技产业优秀人才,又有扎实的中医药产业基础。西医专注"诊断及治疗医学",而健康及预防医疗产业是中医药的核心竞争力。两岸密切合作,将是发展以"中医为本、西医为用"的"精准健康"产业最适合的土壤。

大陆医药大健康市场近年来在中医药、医药数字人、健康IP等方面取得长足进展,安法医新也要与时俱进,联合相关机构和企业,线下线上结合,走出医院,走入社区,顺应两岸华人"抗老化"健康趋势,促进全民健康。

邵松岐专家点评:

　　"去老化"是人类共同关心的话题。安法医新从台湾来到上海,并在上海站稳脚跟,稳步发展,说明上海这座国际化大都市非常在意人口老龄化趋势下的"去老化",渴望年轻态。希望安法医新利用先进技术和抗衰老预防医学服务体系,为两岸民众变得越来越健康、越来越年轻,服务更多,贡献更大!

　　(邵松岐,上海第一医药股份有限公司原总经理)

八宝丹：厦门中医药传承与创新之旅

/ 墙世发

墙世发，厦门中药厂有限公司总经理。在中成药的制造、开发与技术创新等方面有逾30年经验。

厦门中药厂有限公司专注于中药消炎止痛领域，其前身厦门中药厂系由具有近400年历史的厦门多家老字号药铺合并而成。

追溯历史，厦门一直是中医药文化的重镇，以名医辈出、医学繁荣而闻名。随着闽南人"过台湾""下南洋"，中医药文化扩散至台湾、东南亚等地，深远的影响延绵不绝。

1965年，厦门中药厂成立，不仅传承了正和号、怀德居、高峰药房、寿生堂等多家老字号药铺的经典药方和传统技艺，更肩负起发展中医药文化的历史重任，成为厦门中医药文化传承的引领者。而八宝丹作为中医药文化的瑰宝，在明清交替之际，其药方从宫廷传至民间，经过多代传承，最终传入厦门中药厂，成为厦门中医药文化的重要名片。

一、传承：打造中医药文化新地标

为了弘扬中华中医药文化，也让更多人感受闽南中医药特色，厦门中药厂有限公司独资兴建了八宝丹中医药文化馆。场馆位于老厦门港的沙坡尾避风坞，设计独具特色，在20世纪50年代老厂房的基础上融入了闽南古厝的元素。

馆内设有典雅的展览区域，不仅梳理了中华中医药文化的发展脉络，展现了闽南中医药文化的发展轨迹，深入挖掘了近代厦门老药铺的经典名方和故事，还呈现了名药八宝丹的制作过程及其在不同历史时期的医学应用等。

八宝丹中医药文化馆作为一个集学术研究、文化传承、教育宣传于一体的平台，自 2019 年开馆以来，已累计接待了超 5 万人次的参观者，成为海峡两岸文化交流的新平台。

二、创新：八宝丹临床价值挖掘

2022 年，"八宝丹传统制作技艺"被厦门市人民政府正式认定为市级非物质文化遗产代表性项目，体现出八宝丹所承载的文化魅力和价值。而在科技创新的引领推动下，八宝丹向现代化、产业化持续转型升级，在高质量发展跨越中不断迈上新高度。

近年来，厦门中药厂有限公司坚持走产学研发展道路，取得了丰硕的科研成果，有效提升了传统名优中成药的科学价值和临床价值，仅八宝丹就获得国家专利 16 个、专家共识 3 个、临床应用指南 2 个。公司研究领域涉及肿瘤、新冠肺炎药物研发等。

三、发展：八宝丹药号在市场中的卓越表现

为了弘扬中医药文化，厦门中药厂有限公司特别设立"八宝丹药号"，致力于品牌建设，使老字号品牌不断焕发新的活力。自 2021 年首家八宝丹药号在厦门市思明区中山路开业至今，拥有八宝丹药号专柜的门店已有 151 家，布局达到 15 个省市（如设在重庆市的创新销售中心，令人耳目一新），在全国发挥着重要的作用。

位于厦门市思明区中山路的八宝丹药号作为厦门中医药文化展示的窗口，陈列了一批八宝丹药物内标、历史包装等珍贵史料，以及麝香、牛黄等濒危、珍稀药材，让市民和游客能够近距离体验中医药文化。

未来，厦门中药厂有限公司将紧紧围绕"健康中国"战略，坚持"继承不泥古，发展不离宗"，守正创新，联动融合，为促进中医药事业的高质量发展尽心尽职。

潘敏立专家点评：

　　我特地去翻找了八宝丹的资料。明朝时期，宫廷御医采用牛黄、麝香、羚羊角、珍珠等珍稀药材组方，经特殊工艺精制而成名贵"锭子药"——八宝丹。明末清初，朝代更替，八宝丹药方流入民间，汉苑庄主人获得后开始制作发兑八宝丹并历经数代。至道光初年（1821年），汉苑庄开设茶肆售卖八宝丹，"以继利人之便"。因八宝丹疗效"其验如神"，为防止无耻之人盗仿，汉苑庄主人于同治乙丑年（1865年）特制内标放置于八宝丹内，注明八宝丹的历史、功能主治、用法用量、价格以及制售地点等内容，并特别申明"只有两处，并无附设"。该内标成为至今发现的八宝丹最早记载物证，距今已有150余年。20世纪五六十年代，高峰药房公私合营，并入厦门中药厂，八宝丹的配方和工艺由厦门中药厂继承和持有。

前些年，陈建州和黄文勇等带队台湾药师来厦门参加自贸区执业药师资格考试时，在墙世发总经理安排下参访过位于沙坡尾的八宝丹文化馆。有药师还买了八宝丹带回台湾。今天，我对墙总撰写的这篇文章先睹为快，仿佛亲身经历了一次八宝丹传承与创新之旅，获益良多，实为中华文明及中医药文化的博大精深而倍感骄傲和欣慰！

（潘敏立，台湾健丰药局负责人、药师）

真金不怕火炼：归真堂名贵中药的品牌传奇

/ 郭兵

郭兵，福建归真堂医药科技有限公司营销副总经理。曾服务多家知名中药企业，对高价值中药的品牌营销、OTC 药店动销和医疗学术推广等有着丰富的经验和独到见解，参与编写《健康 IP 塑造》（厦门大学出版社 2023 年版）等图书。

归真堂正式创办于 2000 年，是一家集熊胆系列产品研发、生产、销售及黑熊生态养殖为一体的全产业链中药企业，拥有行业标杆品牌、雄厚科研实力和全渠道市场销售布局。

传承保肝良药 守护真材实料

熊胆位居中华四大名贵动物药之首，是千年国药瑰宝，在治疗肝胆疾病、危急重症、疑难杂症等方面有独特疗效，被誉为"药中黄金"、大夫手中的"重磅武器"。

一、"无管引流技术"和行业标准

熊胆古时为王公贵族专属，而今已走进千家万户。归真堂独创的第 4 代"自体造瘘无管引流"微创技术，对黑熊无伤害，不易感染，胆汁无污染，让黑熊野外种群免遭猎杀。如今黑熊种群已恢复到数万头，摆脱了濒危处境，为中医临床用药提供了源源不断的药材资源。

归真堂是中国标准化生态养殖黑熊和熊胆粉质量的双行业标准起草单位，拥有完善的珍稀药用动物生态养殖（GAP 标准）、科学制药（GMP 标准）、专业销售（GSP 标准）的全产业链，是我国能够规模化生产"金胆上品"熊胆粉的企业，是行业标杆品牌。

金胆上品

二、中西药之争，曾在风口浪尖

事实上，中西药竞争自鸦片战争时就开始了。2011 年 3 月，某些境外化学制品药企垂涎中国庞大的肝胆用药市场，一度试图打压天然保肝良药熊胆粉行业标杆品牌归真堂。

曾几何时，一些国际动物保护极端组织及相关机构，罔顾我国药用动物已经开始科学养殖的事实，对中药产业发动猛烈的舆论战，质疑我国已经科学规范的熊胆粉产业。他们反复利用20世纪80年代的个案影像误导媒体和民众，甚至把一些令人感到惊悚的照片强行"嫁接"于归真堂，让归真堂及中国黑熊养殖业遭受"虐待黑熊"的道德绑架。

面对铺天盖地的舆论，在黑熊养殖业的生死存亡之际，归真堂毅然选择用事实说话。2012年2月开展"生态养熊基地开放日"活动，邀请全国72家主流媒体，共同见证科学规范养殖黑熊和"无管引流"技术，让公众眼见为实。近年来，包括国内外权威专家在内的众多访客，在零距离参观归真堂生态养熊基地后，均表示高度赞赏。

国家中医药管理局原常务副局长、中国中药协会原会长、中国中药协会专家委员会主任委员房书亭先生特别指出："假如没有黑熊养殖业，我国的熊胆粉连同123种含熊胆粉成分的中成药，都会因为缺少药源而被釜底抽薪！"

北京中医药大学原校长龙致贤教授、国药大师金世元教授、李连达院士、马建章院士、周超凡教授等纷纷挺身而出，共同捍卫黑熊养殖业的合法地位，保护中药传承之根。

三、传承千年名药，守护真材实料

"熊胆粉是国药瑰宝，必须捍卫药源这一根本。中医药传承和大健康事业，熊胆粉不能缺席。"从归真堂创始人到第四代传承人团队，31年来始终坚定不移坚守这一信念。

近年来，熊胆粉"强效、高效、多效"的特征，逐渐被公众所认识，临床应用日益广泛，成为保肝护胆的家庭常备药。然而，市场上产品良莠不齐，高品质熊胆粉遭到劣质产品的冲击，整个熊胆粉行业面临第二次危机。

归真堂第三代技术传承人陈志鸿先生近日表示："做药就是为百姓健康服务，归真堂做的就是良心药。好基地、好原料是传承熊胆粉这个中华千年保肝良药的前提，我们坚持每一克熊胆粉都来自自己的生态养熊基地，确保真材实料！"正是这种掷地有声的坚守和担当使归真堂受到越来越多的渠道重视和消费者认可。

中国医药卫生文化协会中医药分会常务副会长范吉象公开表示："中国熊胆行业的传承与创新历程，一直备受行业和全社会关注。归真堂品牌的崛起是一个传奇，尽管这个传奇看似有些悲壮。但是，它是一段我们都不能忘怀的真实经历，这也正是整个中医药传承与创新过程的一个缩影。感谢以归真堂为代表的国内多家优秀品牌中药企业传承人及其团队的坚忍不拔，因为他们，我们才有机会见证黑熊养殖业的发展。现代化黑熊养殖技术的跃升得到社会公众的普遍认可，造福千家万户。"

四、任重道远

中医药的传承与创新，既不是故步自封，也不是人云亦云，在纷繁复杂的国际市场环境下，需要几代人持续不断的努力，靠确切的疗效和高品质源头产品征服人们，为海内外华人的健康带来福音，为世界人民送去健康。

雄关漫道真如铁，而今迈步从头越。有以归真堂为代表的众多优秀企业的坚持和努力，有痴迷于中医药伟大复兴的中医药传承人的百折不挠，有社会有识之士的拨云见日，有人民群众对高品质健康生活的向往追求，中医药事业的复兴势不可挡。

我们生活在这样一个见证与推动中医药世代赓续的新时代，任重道远。

李佃贵大师点评：

中医药尤其是名贵动物中药，在传承与创新过程中，艰辛和

挫折不可避免，但是在艰辛和挫折中也孕育着新的希望，只有克服重重困难，才能涅槃重生。熊胆作为名贵中药，历经千年验证实为保肝良药，甚至在某些重症治疗上依然难以替代。

保护黑熊养殖业和在临床上用好熊胆中药，有利于民众健康，有利于中医药的传承光大。

（李佃贵，国医大师）

AI 中医与中医 IP 塑造新思路

/ 顾高生

顾高生，杭州聪宝科技有限公司创始人、董事长，高级工程师，英国赫特福德大学硕士，浙江树人大学特聘教授，中医人工智能研究所所长，中国中医药信息学会智能诊疗分会副会长兼秘书长。

杭州聪宝科技有限公司是中医 AI 行业龙头企业，是国家中医大脑创新联合体核心成员。

创立国医名师数字孪生机器人、中医智能医共体、中医药健康大脑、素问中医 GPT 等系列产品，覆盖 7000 多家医疗机构，累计开出 3000 多万张处方。

2016 年，我跟随世界中联把中医聪宝带到新西兰展现给海内外中医药人士，当时 AI 的概念不像现在这样普及，我们的 AI 中医产品也才研制出来不到一年的时间。

九年磨一剑，如今中医聪宝已经成为国内集工具、战略、模式、生态于一体的中医人工智能龙头企业，服务 22 个省市 7000 家医疗机构 7 万名医生。聪宝将 AI 中医的成功研发和落地应用变成事实。

在 AI 和新媒体交织的时代，中医药传承与创新显得尤为重要和迫切。聪宝始终积极推进 AI 中医，助力用 AI 工具激活中医 IP，围绕中医 AI 来构建新的商业模式。在 AI 独立取代医生之前，会 AI 的医生一定会先取代不会 AI 的医生；同样，有 IP 的中医（药）师，可以塑造自己更广泛、更有影响力的社会形象。在中医药领域推动 AI+IP，将会有助于中医师、中药师及品牌机构做好中医药传承创新这篇大文章！

具体说来，借助聪宝素问中医 GPT 可以开展患者全生命周期的诊疗服务。通过素问中医 GPT 可以了解患者的身体情况，并对患者进行全生命周期健康管理，解决医疗服务掌控不了的核心技术难题，拓展医疗服务的能力边界，形成超前的智慧医疗服务模式。

目前素问中医 GPT 通过自然语言对话的模式开展服务，在答复患者咨询、分析患者差异、满足患者健康需求诸多方面有着超强的技能,可以为中医(药)师和患者提供完美的辅助诊疗服务。素问中医 GPT 可以帮助中医品牌机构实现智能化运营,通过精准收集和分析用户行为数据,提高运营效率和精准度,为受众提供更好的服务和体验。

透过中医 GPT,中医品牌机构可以打造独特的 IP 人物形象,塑造全新的品牌形象,提升品牌影响力和认知度。其中,通过 GPT 和数字人技术模拟中医名家的思维和行为,可以让中医人物 IP 跨越时间空间来到人们面前,使虚拟世界与现实世界美好相遇,促进中医药传承创新,服务民众健康。

齐丽专家点评:

我很欣慰在杭州这座具有创新活力的数字之城,出现了领先同行的中医聪宝;也特别关注中医聪宝在药店的应用场景,如何与药店的传统业务以及新兴业务对接落地。我把自己领导的杭州九洲大药房定义为喜欢创新尝试的新型药房,所以特别期待与聪宝合作,为推动中国零售药店在中医药传承创新过程中实现数字化、智能化、IP 化而共同努力。

(齐丽,杭州九洲大药房连锁有限公司董事长)

模式固型与创新：从会销到联合药店销售
——益力康 & 回元欣药店联合制胜

/ 宋茂清　罗　财

宋茂清，益力康（中国）集团董事长，中华国际酵素协会理事长，中国生物发酵产业协会酵素分会理事，被业内誉为"中国普及和推广酵素的第一人"及"酵素教父"。

　　益力康（中国）集团是一家集自主研发、生产、销售益生菌和酵素为一体的生物科技企业。总部

位于厦门市湖里创新园，于台湾、厦门均有益生菌与酵素研发中心及进行发酵生产益生菌和酵素的工厂。

罗财，福建连城人，毕业于中国医科大学，从事医药行业 20 余年，坚持诚信经营，打造让老百姓放心的药店。

龙岩市回元欣医药连锁有限公司于 2014 年 12 月成立，拥有直营店 22 家，分布于连城县城区及各乡镇。

在台湾，30 年前益生菌和酵素营养食品的研发、推广及应用就已经普及了。1993 年，益力康生物科技正式成立，益生菌、酵素开始进入大陆市场，当时市场几乎处于空白状态，推广起来相当困难。因为人们对益生菌、酵素的认知非常缺乏，这个时候最重要的是科普知识的宣传和普及，需要投入大量的人力。具体来说，就是要有：

（1）一定的研发生产能力，能研发出被大众消费者所喜爱的产品，最好能提升为健字号、药字号。

（2）有自己的人才队伍建设，包括专业型和营销型，光有营销人才是远远不够的。

（3）要有一颗感恩和回报社会的本心、初心。

也正是基于这个基本认知，我们持续不断地出版著作、演讲培训，为民众大量普及益生菌、酵素知识，构建代理商和会员服务的专业体系。功夫不负有心人，今天，遍布全国的益力康代理商网络已经完成，产品研制、生产、销售的供应链完备，益生菌和酵素的科普教育培训体系成熟，以民众个性化健康管理为目的的服务体系运转良好。可以说，益力康的商业模式已经成型，被行业誉为"大健康会销领域的一颗明星"。

在台湾，药局售卖以益生菌为原料的食品、保健品甚至药品，蔚然成风。但在大陆，零售药店如何卖好益生菌、酵素，还没有成熟的模式——这也正是益力康与大陆零售药店合作的机会。

　　2023年11月的一天，我们在中国医药物资协会海峡两岸医药交流中心主任代航的陪同下，来到龙岩连城县，受到连城政协、招商局领导的热烈欢迎。也正是在这一天，益力康与回元欣连锁药店决定在连城建设益生菌、酵素初级产品的组（包）装车间，并准备在小范围药店开展合作，探索药店常态化销售益生菌、酵素的商业模式与服务体系，让益生菌、酵素尽快融入大健康产业，服务百姓健康。

　　赖海英专家点评：

　　中国零售药店是一个非常庞大的终端群体，直接面向百姓，有着售卖优质健康产品的广阔市场空间。我很高兴厦门益力康的宋茂清董事长有意来连城牵手回元欣医药连锁企业，探索一个新的商业模式和服务模式，从连城走向全国，融入大健康产业。我热切期盼他们合作成功，为连城人民的健康生活增添光彩。让我们为两岸医药企业家合作共赢、融合发展鼓掌！

　　（赖海英，连城县政协原副主席，连城县医院院长、主任医师）

拓展大陆市场的收获与遗憾

/ 洪嘉惠

洪嘉惠，台湾佑全／健康人生连锁药局商品部经理，中国医药物资协会海峡两岸医药交流中心副秘书长，撰写有《佑全保健药妆／健康人生药局的品类管理》《两岸医药零售产业比较研究》等文章。

佑全保健药妆成立于1987年，2013年并购健康人生药局，拥有双品牌。2023年门店数超160家，年营收超7.6亿元人民币，为台湾上柜公司优盛医学科技公司的控股品牌。

前不久，刚刚获得台湾证券交易所上柜批复的佑全/健康人生连锁药局总经理刘志平，好像跑完了一个"半马"，终于可以舒缓一口气了。作为台湾知名上柜医疗器械公司优盛医疗的合伙人和第三家上柜连锁药局的掌门人，以及大陆优盛医疗公司的董事长，他站在台中的佑全总部大楼，仿佛能看见在上海设厂的优盛医疗蓄势待发，迎来新一轮的赛事赛跑。

刘志平总经理

2000年，刘志平代表总公司来大陆考察了多个城市，最后选定在上海投资设厂。从此之后的20多年来，上海优盛医疗稳扎稳打，在上海和安徽分别设立了营销服务中心及国际化医疗器械生产线，在大陆市场终端门店设立rossmax脉博士形象专柜及体验专区千余个，授权服务中心30余家，并与各地经销商和医药连锁公司达成战略合作，建构营销网络，在消费者心目中拥有一定的品牌知名度。

借助台湾医疗器械厂家与药局开展活动的经验，上海优盛医疗在大陆零售药店以专业服务带动门店销售，有自己的一些收获，如：

（1）培训讲师现场指导，使店员了解产品的特点和用途，提升店员销售专业技能，提高客户成交率。

（2）提供终端广告宣传、协销物料、门店体验机等，让产品在店内有良好的展示和陈列位置，吸引消费者的注意。

（3）配合节庆日、终端会员活动，加大健康慢病管理咨询及推广力度，助力门店吸客引流。

（4）持续推出黄金单品销售突破激励、金牌店长评选、最佳陈列形象门店评选等活动。

（5）通过强有力的渠道保护、产品控销，帮助药店提升器械整体销售占比。

（6）厂商与驻地服务商联动配合，终端门店专人维护，及时提供销售支持、售后支持和技术支持。

但也有缺失，或者说是遗憾，最重要的一点就是上海优盛医疗至今仍依赖代理商做市场，未能直接面对终端市场。把代理商转化为自己的专业渠道商或服务商，在厂家服务全国化和线上化的同时，细分代理商职能，构建全国各地的本地健康生活服务体系，是上海优盛提质增效的关键。

尽管面临着一些挑战，上海优盛医疗总经理朱冠禹及其管理团队均认为，台资企业在大陆市场仍然具有良好的发展潜力。他们反复提醒那些准备进入大陆市场的台资企业，在进入市场前需要做充分的准备，与当地专业人士和机构合作，深入了解市场特点和竞争环境，制定策略规划，进行风险管理，并积极适应市场变化。与大陆的本土企业进行合作或合资是一个有效的方式，可以利用双方的优势，共同开发市场、应对竞争，并提供更加客制化的解决方案。

徐郁平专家点评：

在大陆发展的台资企业都有自己的一些特色。能否适应大陆市场环境，适应到什么程度，往往决定其发展方向和营销模式。优盛是一家国际性医疗器械生产厂家,目前在大陆市场落地生根了。但在市场环境发生很大改变的情况下,是否需要进一步优化其市场营销模式的结构,尤其在代理商主导下,优盛的服务特色、服务体系如何才能发挥更好的作用,是一个非常有意义的话题,值得探讨。

（徐郁平,中国医药物资协会监事长、知名行业专家）

立足厦门、香港拓展海内外市场

/ 黄雪仪

黄雪仪，出生于中国香港，弓立医疗集团董事长，弓立慈善基金、基因天赋智能专业协会、黄雪仪呼吸专项公益项目创始人。

弓立医疗集团为一家专业从事医用防护用品研发、生产与销售的外向型出口企业。

我们的故事从口罩开始。2003 年 SARS 流行，由于缺少生物安全的概念，棉布口罩简单粗暴，致死率高达 10%。特别是北京和香港的疫情比较严重，我当时受香港特区政府的委托负责采购口罩等防疫物资，供给香港特区政府和医院使用。但在采购时，我发现防疫物资质量参差不齐且成本高，就想从源头解决这个问题，因此决定创立自己的工厂。后来我选择来到厦门办厂，即现在弓立（厦门）医疗的由来。

一晃 20 多年过去了，选择这个行业很幸运，非常有意义，可以帮到很多人。弓立医疗在不断发展中，除了生产口罩，还生产各类防护服、隔离衣、手术衣、手术包、急救包等，公司存在的意义是能够守护更多人的健康。

2020—2022 年新冠疫情防控期间，依靠技术支撑，我们在医疗领域里做出全球用户需要的创新产品，占领了海内外市场。2023 年国外市场运转良好，东南亚、日韩、美国市场都有了不错的回馈；国内受疫情影响，自营品牌运营欠佳，零售市场更是受电商和疫情影响，业绩惨淡，我们及时调整了策略，由自主开发渠道转变为 OEM 贴牌代工的模式。为其他知名品牌贴牌代工使得公司运营成本更低，更好发挥出了我们自身生产技术的优势，同时借助国内成熟大品牌的渠道，省去了繁杂的开发维护工作，将全部重心放到精益生产中来，保证给客户更好的品质和更有竞争力的价格。

其实，在防疫物资销量暴增之际，我们未雨绸缪，着眼于未来。香港管理团队把国际先进的细胞再生技术和研发力量整体迁移至厦门，开设工厂和实验室，同时成立弓立医疗集团旗下的厦门弓立再生科技有限公司，集基础体验、基因检测、医美、大健康管理、细胞研发、生产、制备、储存等供应链要素于一体，创建闭环服务平台。

弓立愿意为海内外爱美和崇尚高品质健康生活的人群提供定制化的专属服务。

徐勇杰专家点评：

作为在厦门从事大健康产业的同行，我为弓立医疗的成功感到高兴。

厦门是一座开放且包容的城市，弓立医疗发轫于香港，又在厦门站住脚跟，与掌舵人黄雪仪女士密切相关。她具有天生的国际视野,所以能在海外市场如鱼得水,同时又在厦门开展再生科技新业务;她是一位既能守成,又能开拓的企业家,其经营理念与对业务滚动发展的节奏把握,值得我们学习借鉴。

厦门还是一座讲究"颜值"的美丽海滨城市,弓立和海尼一样,都追求美的事业和美的生活,从厦门出发,让我们把美的阳光雨露洒向世界。

（徐勇杰,厦门海尼集团联合创始人、商务总裁）

传统智慧，香港制造

/ 李慧贤

李慧贤，香港珍卡儿品牌创始人兼集团主席，香港铜紫荆星章获得者，太平绅士，中医食疗养生师，曾是香港著名律师，被多家国际专业刊物评选为"香港最佳房地产律师"。

珍卡儿（JaneClare）是专业从事肌肤健康的药妆研发、生产与销售的香港本土品牌，香港品牌发展局授予的"香港名牌"。

为对抗高压力工作和无情岁月留下的痕迹，我自小就对皮肤保养品有非常浓厚的兴趣，同时重视什么产品能带来可持续的健康美貌。

因此20年前创立珍卡儿的初衷，便是能达显效，同时规避市面采用的有害化学品。

珍卡儿致力于与全球顶级原料供应商合作，确保所有的原料均是天然的，不含有害添加，并以国际权威认证机构美国环境工作组的标准为生产指标，保证产品没有对肌肤有害的风险原料添加，并为此作出法律声明。珍卡儿坚持每一个生产环节都有安全保障，护肤产品所使用的水质更是力臻完美，可以有效进入肌肤，真正让原料发挥最大功效。

珍卡儿20年来的努力，就是锚定技术和研发。我们与美国白宫科学顾问陈世松教授及众多皮肤科专家合作，终于研发了全新王牌产品——雪晶白甘精华。我们很高兴珍卡儿将传统智慧融入现代科技，利用科技加速皮肤吸收，再也不用喝上几个月才有效果。珍卡儿发现，不单要让原料变得精微化，更需要当主要活性成分碰到皮肤屏障时就可以游走进入内部屏障，真正发挥活性成分的作用。同时，研发团队不断创新，产品不断迭代升级，配方不断改良。2017年赞助香港浸会大学中医学院成立"珍卡儿中医透皮治疗实验室"，力求满足不同肌肤、不同人群的市场需求，达到真正意义上的"飞跃无添加、深透无障碍、珍爱无负担"的肌肤健康效果。

在寸土寸金的香港，能拥有一个年产能超 13 亿港元的 GMP 生产级别的生产基地实属不易。目前，珍卡儿不只自产 C（consumer，顾客）端产品，也为 B（business，商业）端客户做 OEM 或 ODM 业务，得到了香港市场的广泛认可。珍卡儿的品牌受到消费者喜爱，受邀在香港 30 多家屈臣氏以店中店的形式合作销售，还受到众多博主、"达人"、明星、名媛的青睐。香港品牌发展局授予珍卡儿（JaneClare）"香港名牌"称谓，珍卡儿蓝莓熏香紧致面膜斩获屈臣氏"钻石级健康美丽大奖"，拳头产品经香港生产力发展局内部抽检测试获得"抗氧化活性冠军"。种种荣誉，得益于珍卡儿自始而终安全、高效的品牌初心，也是我们坚守信念、崇尚信仰的具体体现。

未来，珍卡儿将让更多的人不再有皮肤负担和危害之虞，真正为肌肤带来健康与美丽。

吴均福专家点评：

很高兴看到李慧贤主席的这篇文章。由此，我们内地的消费者可以更多了解珍卡儿品牌，了解李主席的坚守，了解一个品牌的底蕴和其核心价值所在。

天然、纯净，没有有害化学物质的侵扰，我想这既是珍卡儿的品牌承诺，也是

我们所有爱美人士在使用护肤品时的基本诉求。我期待珍卡儿尽快来到内地，与龙头连锁药店展开合作，把珍卡儿送进千家万户，"真正为肌肤带来健康与美丽"。

（吴均福，重庆中盟医药股份有限公司总裁）

崇尚清静无为

/ 薛永新

薛永新，恩威医药创始人，成都恩威集团董事长，高级工程师，四川大学客座教授。

恩威医药于 2005 年创立，2020 年 9 月提出上市并被受理，2022 年 5 月 12 日过会，其间经历两次终止、四轮审核问询回复、五轮补充法律意见，2022 年 9 月 21 日在创业板上市。

我是 1952 年出生的人，来自重庆市潼南区崇龛镇的一个农民家庭。早年是一个匠人，做过篾匠、木匠、石匠，喜欢游历四方，广交朋友。因缘际会，到 30 岁的时候，做了百岁道家奇人李真果的弟子。三年后，他传授一个草药秘方给我——这就是"洁尔阴洗液"的来源。

一、纪念恩师李真果创办恩威

1984 年，恩师仙逝。为纪念他，也为了让这个民间秘方造福更多患者，1986 年我创办了成都恩威化工厂——遵照恩师"天恩地威"之嘱，公司取名"恩威"。1989 年，洁尔阴洗液获得生产批文，从此洁尔阴品牌以及"难言之隐，一洗了之"的宣传语，传遍大江南北。

二、清静无为

我信奉道家的"道"所展现的秩序，和它的"真"。看看我们眼前的自然万物，一切都那么秩序井然，一切都那么自然而然，一切都那么必然而然，一切又都那么坦然而然。一派真象中，万物各居其所。

这种大自然的"真"，对应到人，就是清静无为。我一生都在试图用"清净""无为"的理念来治理企业。数十年的商海沉浮使我越来越认定清静无为才能回归企业经营之根。

三、无为而为

天地本"无为"，却又"无所不为"；"上善若水，水善利万物而不争"。所以，我们做企业时一定要想明白，"非以其无私耶，故能成其私"。老子《道德经》的精髓作为中华文化智慧的文字结晶，是我们的根本，潜藏在我们心底，深刻地影响着我们的思想态度和行为举止。

企业应该明白，要有根有本，秉持"无为"（实际上是有所为和有所不为的辩证统一）。否则，就像鱼过分"有为"而蹦到了岸上，这样怎能生存与发展呢？

邹康禄专家点评：

薛永新先生是一位信奉道教且用它来治理企业的著名医药企业家。他所创立的恩威公司及其主打产品"洁尔阴"，久负盛名。在两岸（乃至港澳）医药健康产业加快融合之际，我们希望看到恩威公司的产品走向世界，在海内外畅销，为海内外华人送去中医药人的健康祝福。

（邹康禄，成都医药商会会长、四川德仁堂集团总经理）

我的双城生活十三年

/ 陈珈桦

陈珈桦，台湾药师，上海公共营养师，江苏生达药业公司副总经理，嘉南药理大学大陆校友会副理事长。历任美商雅培、辉瑞药厂在台湾的销售主管，目前担任中国医药物资协会海峡两岸医药交流中心秘书长（提名）。

飞机缓缓降落在台北松山机场，转搭乘久违的台北地铁，脚步不由自主往前迈进，猛一回头，才惊觉，原来双城的脚步是不同的：相较于上海地铁人们的步履匆匆，台北更多是缓步而行。

回想起我受台北众多好友和前辈们大力支持和协助，屡次举办两岸医药论坛和 CBRA 母婴亲善的学习交流活动，才有机会了解接触大陆城市和同行，尤其是上海这座"魔都"。后来真的被公司派驻到上海，从此开始台北—上海的双城工作生活。这十多年来，我见证了上海和大陆众多医药生技母婴圈好友们的创新、勤勉和努力，以及每年的进步和变化，再对比台北，每一次对比，都感触特别深！

喜欢台北 101 大楼的烟火，总在那新的一年，伴着无数人的梦想，绽放出灿烂的光芒！想念着上海东方明珠塔的闪亮，脑海中，总是浮现和平饭店老爵士乐团的迷人演奏：夜上海，夜上海，你是一个不夜城……有多少人，在不眠之夜，盼望黎明的曙光破出云层！

上海的迷人之处，在于不经意间总会发现现代与历史的交织。黄浦江外滩伴着苏州河的柔情，四行仓库令人敬佩的历史英雄好像就在眼前，而踩在衡山路、武康路的梧桐叶和银杏叶上，在思古幽情的名人故居前，心中有无数念想——上海的多样面貌和海纳百川的融合大度，美得令人动容，也让人禁不住心驰神往。

作为一位来自台北的新上海人，上海是我前世今生的故乡，我是梦中的游子，总是魂萦梦系，台北，上海，上海，台北。我的双城生活，看来就像一只来回摆动的钟摆，不会停息，乐此不疲。

张孟文专家点评：

　　看到珈桦药师这则文字，被她打动了。我虽然也经常参加中国的中医药大健康论坛等活动，但是，像珈桦这样长时间居住在一座城市，有着这样丰富多彩的双城生活，委实令人羡慕。我们中医药工作者担负着推动医药大健康产业融合发展的重任，期待医药大健康产业未来不仅给中国人民，也给东南亚国家和地区的人民，带来更多的健康福音。

　　（张孟文，中医师，泰国燕业总商会会长）

后记

决定编写这本书，是在第十七届中国成长型医药企业发展大会期间，我们负责首届两岸（厦门）中医药高质量融合发展论坛的具体策划、组织、执行工作，在此过程中，得到许多的帮助和鼓励，也坚定了我们通过写些文字来汇总若干共识的想法，团结更多台湾医药同行到大陆来，面向粤港澳大湾区乃至东南亚国家和地区，共同打造开放的医药大健康市场。

在中国医药物资协会常务副会长、达嘉维康董事长王毅清先生担纲主持下，我们进入了具体的编写流程。在协会主要领导的有力支持下，经过大家的共同努力，不断修改调整，反反复复，终于完成这项有些艰难却也有不少惊喜的烦琐工作。因为时间和水平有限，这本书一定会有不少遗憾和不足之处，希望能够得到读者的批评指教，在后续版本中再做补充完善。

非常感谢国家中医药管理局领导李钟军先生、郑亚峰先生、张博女士，厦门市科技局领导孔曙光先生、曹伟民先生，厦门市台办秘书处许晓坤先生，给我们政策方向上的指引；感谢中华中医药学会两岸交流合作委员会主任杨金生先生、厦门市市场监督管理局药品安全原总监杨学勇先生、福建省中医药行业学会传承研究分会常务主委黄秋云女士、中国医药物资协会监事长徐郁平先生、陕西省中药协会会长陈国良先生、澳门中医药学会会长石崇荣先生、中国医药物资协会研究院资深专家张国芳先生等，给予我们学术和专业上的意见；还有总顾问王桂良先生，以及顾问委员会林朝辉先生、墙世发先生、郑明龙先生、杨朝文先生、黄雪仪女士等，指导我们编写本书。

黄璟晴（台湾）和牛露颖（上海）两位年轻的插画师，为本书尝试配图，虽然最终未能选用，但我们希望下一次能够有更好的合作。

当然，还有中国医药物资协会两岸交流中心的兄弟姐妹，他们大多来自宝岛台湾，凭着自己的一技之长和经管才能，用行动书写两岸医药健康行业融合发展的文章。这本书，记录了他们率领企业取得成功或走向成功的大致轨迹，书中也有在福建沿海或内陆从事医药大健康产业的部分企业代表。两岸医药大健康行业交相辉映，加快融合，我们在编著本书过程中，强烈感受到这种发自内心的脉动。当这种脉动开始贯穿起来时，就是两岸医药健康产业迎来大发展的潮涌时刻！

春潮已来，江海放舟，还有什么彼岸抵达不了？

代航　霍佩琼　李从选

于厦门、广州、桂林

2024 年 6 月